KB161121

축구
스킬&전술
75

축구
스킬&전술

찰리 슬레글 지음 | 이성모, 김종원 옮김 | 조세민 감수

75

당신의 축구 실력을 향상시킬
75가지 스킬·전술·멘탈 훈련 비법

한스미디어

CONTENTS

서문 **10**

감수의 글 **13**

PART 1. 스킬 SKILLS

1   1 대 1 수비 : 뒷공간을 내주지 마라 #수비 **17**

2   드리블링 동작 : 상대 수비수 무너뜨리기 #드리블링 **19**

3   공 소유하기 : 몸을 사용하는 방법 #드리블링 **22**

4   시저스 + 스텝오버 #드리블링 **24**

5   볼 컨트롤 #받기 **26**

6   저글링(볼 리프팅) : 창의적으로 스스로를 시험해보라 #점유 **28**

7   그룹 저글링(그룹 볼 리프팅) #점유 **30**

8   파워 슈팅 : 강슛 #슈팅 **32**

9   슈팅 자체에 만족하지 마라 #슈팅 **34**

10   롱킥 : 공중볼 패스 #패싱 **36**

11   헤딩 & 스로인 : 허리를 활용하라 #헤딩 **38**

12   원터치 패스(논스톱 패스) : 볼 소유권 유지 #패싱 **40**

13   골키퍼 슈팅 방어 #골키핑 **42**

14   골키핑 : 높은 슈팅 막기 #골키핑 **44**

15   히치킥/바이시클킥(오버헤드킥) : 슈팅 스킬 늘리기 #슈팅 **46**

16   사이드 발리슛 : 슈팅 궤도가 아래를 향하도록 슈팅하라 #슈팅 . . **48**

PART 2. 전술 TACTICS ⚽

1 공 받기 : 최대한 많은 옵션을 만들라 #점유 53

2 상대팀 골대를 향해(공격하는 방향으로) 플레이하라 #점유 55

3 오픈된 상태 만들기 : 공간을 향해 뛰어라 #점유 57

4 크로스 향해 달리기 : 공간을 만든 후 결정지어라 #스코어링 59

5 크로스의 세 가지 목표 #스코어링 62

6 2 대 1 오버래핑 : 수비 분산시키기 #점유 65

7 공을 소유한 상태의 플레이 #점유 68

8 수비적으로 압박하기 : 단단히 수비하라 #수비 70

9 원투패스 플레이 : 수비 공략하기 #콤비네이션플레이 72

10 1 대 1 기회를 노려라 #점유 74

11 3 대 2 상황에서의 수비 공략 #공격 76

12 목적을 갖고 패스를 받아라 #점유 79

13 트라이앵글 서포트 #점유 81

14 공을 소유 중인 팀 동료 서포트하기 #점유 84

15 패스 & 무브 #점유 87

16 측면에서의 공격 : 위협적인 공격하기 #스코어링 89

17 5 대 2 훈련 : 의미 있는 플레이를 하라 #점유 92

18 감아 차는 패스를 활용해 효과적으로 공격하기 #점유 95

19 1 대 1.5 수비 상황 만들기 #수비 97

20 공간을 만드는 움직임 #점유 100

21 수비벽 공략하기 #스코어링 103

22 효율적인 상대 압박 #수비 106

23 수비 서포트하기 #수비 108

24 수비 커버하기 #수비 110

25 수비 분산시키기 #점유 112

26 페널티킥 : 강하고 낮게 차라 #스코어링 115

27 간접 프리킥 수비하기 #점유 117

28 롱 프리킥 #스코어링 119

29 공격 간접 프리킥 #스코어링 121

30 상대에 대해 파악하라 #수비 123

31 골키퍼 포지셔닝 : 적절한 각도를 확보하라 #골키핑 125

32 골키퍼로부터 공격 시작하기 : 데드볼 상황 #골키핑 128

33 골키퍼가 공격 시작하기 : 오픈 플레이 상황 #골키핑 130

34 골키퍼의 크로스 방어 : 원칙을 지켜라 #골키핑 132

35 논스톱 슈팅 #스코어링 134

36 축구를 더 화려하게 만드는 스킬 : 넛맥 #공격 136

37 공 흘리기 #점유 138

38 헤더 슈팅 #스코어링 140

39 헤딩 클리어 #수비 142

40 헤딩 패스 : 볼 지키기 #점유 144

41 득점 확률 높이기 #스코어링 146

42 간접 프리킥에서 득점하기 #스코어링 148

43 1 대 2 상황 돌파하기 #점유 150

44 태클할 것인가, 지연시킬 것인가 #수비 152

PART 3. 멘탈 훈련 MENTAL EXERCISES

1 포지션 넘버링 #포메이션 157

2 측면 수비수 : 측면을 지배하라 #게임 읽기 160

3 포백 : 핵심은 수비 포지셔닝이다 #수비 162

4 넓이와 깊이 : 공격 #소유 165

5 넓이와 깊이 : 수비 #수비 167

6 직접 프리킥 상황에서 수비벽 세우기 : 파트1 #수비 169

7 직접 프리킥 상황에서 수비벽 세우기 : 파트2 #수비 171

8 루스볼 상황에서의 공은 항상 너의 몫이다 #일반 173

9 코너킥 #스코어링 175

10 약한 발도 사용 가능하게 만들어라 #일반 177

11 강한 신체를 만들어라 #신체 179

12 경기에 뛸 몸 상태를 만들어라 #신체 181

13 공을 얻는 순간 공격을 시작하라 #수비 183

14 후방 공격 전개 #점유 185

15 오프사이드 트랩을 뚫어라 #슈팅 188

용어 설명 192

서문

　나는 축구계에서 30년 넘게 선수, 코치, 그리고 행정가로 일해 왔다. 그 사이 내가 배운 교훈이 있다면, 그것은 축구가 모든 사람들에게 최고의 스승이라는 점이다. 자신의 잠재력을 최대한 끌어올려 완벽한 축구 선수가 되고자 하는 사람이 있다면 그는 평생 축구의 모든 면을 관찰하며 그로부터 배워야만 한다. 그러나 우리 대부분은 그렇게 인내심이 강하지 않다. 오랜 시간 공을 들이기보다는 더 짧은 시간 내에 완벽한 선수가 되고 싶어 한다. 바로 그런 이유 때문에 이 책을 쓰게 되었다. 지금까지 내가 축구를 통해 배운 것을 독자들과 함께 나누며 위대한 축구 선수가 되기까지 걸리는 시간을 단축시키는 데 도움을 주기 위해서 말이다.

　이 책은 축구 초심자들을 위한 책이 아닌 중급자와 상급자를 위한 책이다. 따라서 인사이드 패스 같은 단순한 스킬보다는 그런 기본적인 스킬을 바탕으로 하는 응용 스킬 등에 대해 다룰 예정이다.

　축구에서 스킬과 전술을 가르치는 방법에는 여러 가지가 있고, 11 대 11 훈련을 지도하는 방법들도 다양하다. 나는 이 책에서 축구를 크게 세 가지 카테고리로 나눠서 설명할 것이다. 선수 개인이 개인적인 노력을 통해 숙달할 수 있는 기술적 능력, 팀 동료들과 함께 훈련해야 하는 전술적 능력, 그리고 축구를 더 깊이 있게 이해할 수 있도록 돕는 멘탈 훈련이 그 세 가지다.

기술적 능력에 대해 먼저 생각해보자. 축구 선수는 언제나 다른 선수나, TV에서 보는 스타 선수들의 능력보다 자기 자신의 능력을 정확히 파악해야 한다. 자신의 힘과 컨디션에 대해 정확히 아는 것은 축구를 더 잘 이해하게 하고, 그래서 더 발전하게 하는 데 큰 도움이 된다. 이런 능력은 나와 같은 코치들이 길러줄 수도 있지만, 선수들 스스로 개인 훈련을 하면서 경기에 필요한 신체적 능력을 발전시킬 필요도 있다.

그 다음으로는 실전에서 동료들과 함께 플레이할 때의 전술에 대해 이야기할 것이다. 상대 선수를 앞에 두고 드리블을 시도해야 하는 타이밍은 언제인지, 동료 선수가 크로스를 시도할 때 다른 선수는 어디로 이동해야 하는지, 그리고 어느 시점에 얼마나 빨리 적절한 위치로 이동해야 하는지, 어떻게 협력 수비를 해야 하는지, 또 현재 볼을 소유하고 있는 동료를 돕기 위해서는 어떻게 해야 하는지 등등이다. 신체적인 능력은 선수들이 더 좋은 플레이를 하는 데 도움이 되지만, 그 능력을 잘 활용하기 위해서는 이런 전술적인 능력도 익힐 필요가 있다.

끝으로 최고의 선수로 완성되기 위해서는 축구를 큰 그림에서 이해할 필요가 있다. 20m 거리에서 프리킥을 시도할 때 어떻게 해야 득점 가능성이 높아지는지, 상대가 전진하기 어렵게 하기 위해서 우리 팀은 어떻게 미드필드에서 수비를 해야 하는지 등등. 이런 부분을 잘 이해하고 있는 선수는 팀 전체와 그의 지식을 공유함으로써 팀의 핵심 선수로 인정받을 수 있다. 이 책에서는 이런 지식이 어떻게 팀 전체를 향상시킬 수 있는지에 대해서도 다룰 것이다.

이 책에는 또 골키퍼들에게 특화된 챕터도 다수 포함되어 있다. 나 스스로가 선수 시절 골키퍼로 활동했던 사람으로서(한 번 골키퍼는 영원히 골키퍼다!) 골키퍼 독자들에게 이 책의 모든 챕터를 읽어보라고 권하고 싶다. 골키퍼는 11명의 선수 중 유일하게 경기장 전체를 볼 수 있는 선수다. 다른 선수들이 무엇을 하는지 더 잘 이해하는 것은 골키퍼로 하여금 팀의 수비, 공격 전체에도 도움을 줄 수 있게 해준다. 골키퍼는 경기장 위의 리더여야 하며 그것은 그 포지션의 본성이다. 축구에 대해 더 깊이 이해하는 것은 그런 면에서 골키퍼들에게 도움이 될 것이다.

이 책은 처음부터 끝까지 단계별로 읽어나가도 좋고, 독자들이 원하는 챕터를 먼저 읽어도 좋다. 각 챕터 끝에 각 스킬의 상위단계에 대한 소개가 있다. 독자들이 이 스킬에 대해 연습해보길 권장한다. 각 스킬에 대한 여러분의 이해가 한 단계 더 높아지는 데 도움이 될 것이다. 그리고 독자들의 재미를 위해서 몇몇 세계적인 선수들의 말을 인용하기도 했다.

여러분이 이 책을 즐길 수 있기를, 또 이 책을 통해 많은 인사이트와 동기 부여를 얻기 바란다. 앞서도 말했듯 축구는 여러분에게 최고의 스승이다. 경기장에 설 때마다 다른 선수들로부터 또 축구의 모든 면으로부터 배우기 위해 노력하라. 그렇게 할 때 여러분은 올바른 방향으로 나아갈 수 있을 것이다.

감수의 글
조세민(부산아이파크 아이키즈 감독)

축구 관련 서적이 출간되면 언제나 반갑다. 특히 유명 축구인의 자서전보다는 《축구 스킬&전술 75》 같은 축구 전문 서적을 더 좋아한다. 이러한 전문 서적은 축구 선수를 꿈꾸는 유소년 선수들뿐만 아니라 축구를 사랑하는 이들에게 축구의 기술과 전술을 가르칠 때 다양한 관점이 담긴 아이디어를 설명하고 이해시키는 데 실질적으로 큰 도움이 되기 때문이다.

《축구 스킬&전술 75》는 책 제목에서부터 저자가 '기술(Technic)'이 아닌 '스킬(Skill)'을 사용한 것이 눈에 띈다. 이는 보편적인 시각에서는 생소한 것이 아닐 수 없다. 그렇다면 왜 이 책의 저자 찰리 슬레글은 축구 기술을 설명하면서 'Technic' 대신 'Skill'이라는 단어를 사용했을까?

지금으로부터 6년 전, 필자는 스페인 축구협회 UEFA B 라이선스 교육을 받을 당시에 '스킬'과 '기술'의 차이점에 대한 설명을 들은 적이 있다. 스페인에서는 이를 'Ejercicio analítico(기술)'와 'Ejercicio global(스킬)'이라 불렀는데, 이 둘의 가장 큰 차이를 다음과 같이 정의했다.

* **Ejercicio analítico(기술):** 경기 중에 나타나는 몇몇 축구 요소들(볼, 동료, 상대, 공간, 스코어 등)이 배제된, 오로지 볼과 관련된 하나의 '액션'만을 향상시키는 훈련

13

* **Ejercicio global**(스킬): 경기 중에 나타나는 수많은 축구 요소들(볼, 동료, 상대, 공간, 스코어 등)이 포함된 '상황 해결 능력'을 키우는 훈련

즉 볼과 관련된 오로지 하나의 액션 능력을 향상시키는 것이 아니라 경기 중에 나타나는 수많은 상황들을 해결할 수 있는 능력을 키우는 것이 전반적인 축구 기량 향상에 다가갈 수 있다는 관점의 정의였다. 감수를 맡은 이후 이 책을 꼼꼼하게 읽으면서, 스페인 축구협회 UEFA B 라이선스 지도자 교육에서 설명하는 스킬(Ejercicio global)과 이 책의 저자가 소개하는 기술(Skill)의 내용이 많이 닮아 있으며, 현재 축구 교육의 흐름과도 맞는 시각을 담고 있다는 생각이 들었다.

이 책은 제2의 손흥민을 꿈꾸며 축구를 배우는 유소년 축구 선수들뿐만 아니라 그들의 꿈을 위해 헌신적으로 지원해주시고 응원해주시는 학부모님들께 많은 정보를 제공하는 책이 될 것이라 생각한다. 또한 축구를 사랑하고 즐기는 많은 이들에게 축구 기량 향상에 대한 전문적인 지식을 전해줄 것이며, 현재 현장에서 유소년 축구 선수들을 지도하는 많은 지도자분들께도 다른 지도자의 관점과 아이디어를 배울 수 있는 유익한 책이 될 것이라 생각한다.

스킬

SKILLS

PART 1

당연한 말처럼 들릴지도 모르지만, 축구는 몸으로 하는 운동이다. 축구는 선수들이 어떻게 움직이고, 어떻게 반응하고, 어떻게 창의적으로 공간을 만들어내는지에 달려 있다. 이런 것들이 바로 축구의 핵심적인 스킬이며, 그 능력을 키우는 유일한 방법은 훈련하는 것뿐이다. 이 파트에서는 선수들의 능력을 향상시키는 데 필요한 기본적인 스킬들에 대해 다룰 것이다. 쉬운 스킬도, 복잡한 스킬도 있지만 이 모든 스킬의 공통점은 훈련을 통해 완벽히 체득할 수 있는 것들이라는 점이다. 적어도 훈련을 많이 해서 나쁜 스킬은 없다.

1대 1 수비
: 뒷공간을 내주지 마라

수비

수비가 축구에서 가장 중요한 부분이라는 것에는 의심의 여지가 없다. 축구에서는 상대에게 골을 내주지 않으면 어떤 경우에도 경기에서 지지 않는다. 최악의 경우라면 비기는 것이다. 약간의 운이 따르거나 몇 차례 좋은 공격을 시도한다면 승리할 가능성이 높다.

수비의 목적은 상대의 드리블이나 패스 플레이로부터 뒷공간을 내주지 않는 것이다. 수비 상황에서는 수비수, 미드필더, 공격수 모두 빈틈없는 자세를 유지해야 한다. 이러한 자세를 표현하자면 낮고 안정적인 자세 정도가 될 것이다. (그림 1.1) 무릎을 구부리고, 다리를 앞뒤로 놓은 상태에서 상대 선수와 공을 동시에 보면 이 자세가 완성된다. 또는 웅크린 자세라고 부를 수도 있다. 이러한 자세의 수비수를 상대하면 자세가 높은 수비수를 상대할 때보다 돌파하기가 훨씬 어려워진다. 반대로 높은 자세로 서서 수비를 한다면 공격수는 그 수비수를 쉽게 돌파할 것이다.

수비할 때 상대 선수와의 간격은 상대 선수의 스피드와 공격 능력에 따라 정해야 한다. 스피드가 빠르거나 좋은 스킬을 가진 선수를 수비해야 하는 상황에서는 평

그림 1. 1

소보다 더 넓은 간격을 둬야 한다. 상대 선수가 공을 내려다보게 하고 그들이 선택할 수 있는 옵션을 줄이는 것이 좋은 수비를 하는 자세다.

포지션과 관계없이 경기장에 있는 모든 선수들은 수비를 해야 할 임무가 있다. 그리고 팀의 수비는 1 대 1 수비에서부터 시작된다.

팀 동료와 1 대 1 상황을 만들고 돌파를 당하지 않는 수비 연습을 하는 것이 간단한 연습 방법이다. 만약 혼자 연습을 해야 하는 상황이라면, 낮고 안정적인 자세에 익숙해지도록 하고, 그 자세를 유지한 채 다양한 방향으로 움직이는 연습을 하면 된다. 수비의 목적은 상대 선수가 자신을 제치고 지나가지 못하게 하는 것이라는 점을 기억하자. 상대 선수가 수비수를 제치면, 팀 동료들이 그만큼 커버를 해줘야 하고, 돌파에 성공한 상대 선수에게 더 많은 시간과 공간을 내주게 된다.

공을 무리해서 가로채려 하지 마라. 상대가 실수를 해서 완벽히 뺏을 수 있는 상황에서만 그렇게 해라. 수비를 하면서 발을 뻗어서 태클을 시도하는 것은 돌파를 당하기 쉬운 행위다.

SKILL

드리블링 동작
: 상대 수비수 무너뜨리기

드리블링

앞서 소개한 '1 대 1 수비'의 경우와는 반대로, 1 대 1 공격의 목표는 상대를 제치고 앞으로 나아가는 것이다. 공격수로서 수비수를 자유자재로 공략하기 위해서는 실전에서 능숙하게 성공적으로 활용할 수 있는 드리블 스킬을 숙련해야 한다. 가장 기본적인 드리블 스킬에 대해 알아보도록 하자. (그림 1.2)

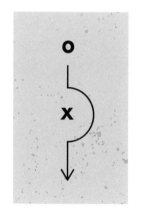

그림 1.2

우선 상대 수비수를 공략하는 데 있어 가장 좋은 방법은, 가능하다면 스피드를 활용하면서 수비수를 제치는 것이다. 다르게 말하면, 공을 자신이 컨트롤하고 있는 상황에서 달려가는 스피드를 유지한 채 상대 수비수를 무너뜨리는 것이다. 공격수가 스피드를 유지한 상태에서 수비수를 제치려고 할 때, 수비수들은 낮고 안정적인 수비 자세를 취하기보다는 뒷걸음질치는 수비 자세를 취하기 마련이다.

이런 상황이 나올 경우, 상대 수비에게 적극적인 움직임을 보이면서 수비의 중심을 더 흔들리게 만들 수 있다. 시저스(안에서 밖으로) 또는 스텝오버(밖에서 안으로)를 한 후에 한쪽으로 공을 가져가거나, 안쪽 발 혹은 바깥쪽 발을 이용해 접는 동작을 하는 것도 효과적이다.

상대 수비수가 완전히 중심을 잃었을 때가 바로 상대 수비를 무너뜨린 후(다르게 말하면, 제치면서) 돌파할 기회다. 상대 수비를 완벽히 제치기 위한 공격수의 마지막 동작은 역동적이어야 하고, 민첩해야 한다.

안타깝게도 많은 선수들이 상대 수비수를 제치고 난 후 그에 만족하고 멈추는 동작을 하거나 상대팀의 다른 수비수가 공격을 저지할 수 있는 동작을 하고 만다. 이것은 마치 육상 경기에서 골인 지점 바로 앞에서 이미 승리한 듯 양손을 드는 행위와 비슷하다. 아직 경기가 끝나지 않았고 다른 선수들이 뛰고 있는 상태인데도 말이다. 공격수는 한 번의 공격 상황에서 성공했더라도, 그것이 진정한 의미의 승리를 거둔 것이 아니라는 사실을 명심해야 한다. 드리블에서 성공한 후 확실하게 유리한 상황을 이어가기 위해서는 마지막 동작(수비수를 완전히 제쳐서 그 수비수가 할 수 있는 유일한 행동이 뒤를 쫓아가거나 파울을 해야 하는 상황이 되게끔)을 취해야 한다. 수비수가 그 둘 중 어떤 방법을 선택하건 간에, 그가 이미 위험을 감수해야 하는 불리한 상황에 놓이도록 말이다.

공격수는 종종 수비수 한 명을 제치기 위해 너무 많은 움직임을 취하는 경향이 있다. 그렇게 많은 동작을 취하기보다는 2~4번의 효율적인 움직임을 시도하는 것이 오히려 더 성공 확률이 높다는 것을 잊지 말아야 한다. 드리블 연습을 할 때는 항상 자신이 낼 수 있는 최고 속도에서 연습해야 한다. 물론 그러다 보면 공을 밟고 넘어지는 경우도 생기겠지만, 속도를 최대로 낸 상태에서 드리블하는 것에 익숙해진다면 실전 경기에서 좋은 결과로 돌아올 것이다.

공 소유하기
: 몸을 사용하는 방법

드리블링

자신이 공을 소유하고 있을 때 최고의 선택지는 계속 공 소유 상황을 지키는 것이다. 선수들에게 가장 중요한 스킬 중 하나가 바로 공을 지키는 것이다. 다르게 말하자면 상대 선수가 자신으로부터 공을 뺏는 것을 최대한 어렵게 만드는 것이다. 선수들은 자신의 몸을 이용해서 상대 선수들과 공 사이의 간격을 최대한으로 유지할 수 있다.

공을 지키는 동작에서는 자신의 몸을 최대한 '넓게' 사용하는 것이 중요하다. 그렇게 하기 위해서는 상대 수비수와 마주보거나 뒤돌아서지 말고 옆으로 서라. 양발은 벌린 채로 뒤어깨를 상대에 대고 최대한 수비수와의 간격을 벌려라. 거리를 더 넓히고 싶다면 공을 바깥발로 컨트롤하라.

공을 소유하고 있을 때마다 상대 선수가 어디에 있는지 파악해야 한다. 그렇게 해야 상대 수비수가 언제 공을 가로채기 위해 시도할지 예측할 수 있다. 상대 선수와 경합하는 상황에서 상대 선수의 정확한 위치를 감지하기 위해서는 직접 부딪치며 몸싸움을 하는 것이 좋다. 여러분이 몸을 넓게 벌리고 공을 지키고 있다면, 수비수는 공을 뺏기 위해 한쪽을 선택할 수밖에 없다. 수비수가 오른쪽으로 다가오면, 여러분은 왼쪽으로 움직인다. 수비수가 왼쪽으로 올 때는 오른쪽으로 간다. 이렇게 한다면 여러분은 시간과 공간을 확보할 수 있고, 상대 수비수를 제치거나 동료에게 패스를 성공시킬 가능성도 높아질 것이다.

비슷한 예로 터닝 동작을 시도할 수도 있다. 이런 상황을 생각해 보라. 여러분이 터치라인 근처로 드리블을 하고 있고 수비수가 바로 뒤에서 따라오고 있다. 이런 상황에서는 패스를 할 수도 없고 드리블할 공간도 부족하다. 터치라인에 다다르면 발을 길게 뻗어서 여러분에게 가장 근접한 수비수로부터 공을 지키는 동작을 취해야 한다. 그 후 바깥쪽 발을 이용해 공의 방향을 바꾼 후 몸을 돌려 경기장 안쪽으로 돌면서 상황을 바꿔 다른 움직임을 가져갈 기회를 만들 수 있다.

전 잉글랜드 대표팀 미드필더이자 미국에서도 활약한 조 콜은 앞서 소개한 터닝 동작을 경기장 어디에서도 잘해내던 선수였다. 상대 선수로부터 공을 지키는 동작이나 빠르게 몸을 돌리는 터닝 동작에는 상체와 하체의 강한 힘이 절대적으로 필요하다. 여러분이 더 뛰어난 선수가 되기 위해서는 이런 신체적 능력도 키울 필요가 있다.

시저스 + 스텝오버

드리블링

가장 효과적인 드리블 스킬 중 하나는 '스텝오버'다. 이 스킬은 기본적으로 빠르게 드리블하는 상황이나 멈춰 있는 상황에서도 할 수 있다. 스텝오버는 공격수가 방향의 변화를 주거나 동료에게 패스를 하는 것처럼 수비수를 속여서 수비수의 밸런스를 무너뜨릴 수 있다. 또한 이 동작을 하면 수비수를 제치거나 팀 동료에게 패스할 시간을 벌게 된다.

스텝오버를 배우기 위해서는 일단 멈춰 있는 공으로 연습하는 것이 좋다. 처음에는 공을 앞에 두고 오른발을 왼쪽으로 움직인 뒤(오른발이 공과 왼쪽 발 사이로 지나갈 것이다) 오른쪽으로 회전시키는 동작을 하면 된다. 왼발로 스텝오버를 하기 위해서는, 반대로 왼발을 공의 오른쪽으로 움직인 후 다시 왼쪽으로 돌리면 된다. 천천히 이와 같은 과정을 반복하면서 균형을 잡기 위해 노력하라.

정지된 공으로 하는 스텝오버 동작을 마스터하고 나면, 움직이는 공으로 똑같이 연습을 시작한다. 더 익숙해질수록 더 빠르게 드리블하면서 스텝오버를 시도해 보라. 그 다음 단계는 드리블을 하면서 가능한 여러 차례 스텝오버 연습을 하는 것이다. 마지막 단계는 한 번에 양쪽 발을 이용해서 연이어 스텝오버를 구사하는 것이다.

> 공을 소유한 상태에서 움직임을 취할 때는 역동적으로 움직이는 것이 중요하다. 월드클래스 선수들이 스텝오버하는 것을 떠올려 보라. 예를 들어 리오넬 메시는 공이 정지된 상태에서 완벽하게 스텝오버를 구사하는 선수다. 그가 볼 컨트롤에 아주 능숙하기 때문에 많은 수비수들은 그에게 속을까봐 가까이 가기조차 두려워한다. 최고의 선수를 관찰하면서 그들의 움직임을 따라 해 보라.

"나는 선수의 스킬이 코치의 지도를 통해
숙달되는 것이 아니라고 생각한다.
그것은 아이와 축구공 사이에서 생기는 애정의 결과물이다."

– 로이 킨

• 시저스 : 안에서 밖으로 페이크 모션
•• 스텝오버 : 밖에서 안으로 페이크 모션

볼 컨트롤

받기

한 코치가 공을 받거나 트래핑하는 일을 새장 안에 새를 넣는 것과 비교하는 것을 본 적이 있다. 새를 새장 안에 잘 넣기 위해서는 새 모이를 바닥에 내려놓고 새장 문에 줄을 설치해서 새가 모이를 먹기 위해 다가오면 그때 줄을 잡아당겨서 새를 새장 안에 가둬야 한다. 그런 다음에 무엇을 해야 할지 확실한 목표가 있어야 한다. 축구에서 공을 트래핑하고 발아래에 둘 때도 마찬가지다. 그 다음에 무엇을 해야 할지에 대한 계획이 미리 있어야만 한다.

공을 자기 앞에 멈춰 둔 것에 만족해서는 안 된다. 공을 받는 순간 곧바로 드리블이든 패스든 무언가를 바로 할 수 있도록 준비하면서 공을 받아야 한다. 공을 받았다면 발의 모든 면을 이용해 자신의 주변 360도 어느 방향으로든 진행할 수 있도록 해야 한다. 공의 속도도 적절히 조절하면서 자신의 발에서 너무 멀리 벗어나거나 상대에게 뺏기지 않도록 컨트롤해야 한다. 또 공을 너무 몸 가까이에서 받거나 공을 편하게 다루기 위해 추가적인 동작을 취하는 일도 없어야 한다.

가슴으로 공을 받을 때도 마찬가지다. 공을 받는 즉시 자신이 가고자 하는 방향과 하고자 하는 플레이에 맞게 간수해야 한다. 가슴으로 공을 받을 때는 곧바로 360도 모든 각도로 나아가길 도모하는 데 한계가 있지만, 더 많은 각도를 확보할수록 좋다.

 공을 받는 스킬이 점점 늘어간다면 수비수와 함께 훈련하는 것이 좋다. 그렇게 하면 수비수의 포지션에 따라 공을 받은 후 어떤 방향으로 움직일지 결정하는 연습을 할 수 있기 때문이다.

"위대함이 반드시 다른 사람들을 위한 것이라고 생각하지 마라.
매일 당신도 위대해질 수 있다고 생각하라.
도전할 수 있다는 용기를 갖고, 실수를 하더라도
점점 앞으로 나아가라."

– 브랜디 체스테인

저글링(볼 리프팅)
: 창의적으로 스스로를 시험해 보라

점유

저글링은 볼 컨트롤 스킬을 향상시키는 데 큰 도움이 된다. 또 저글링은 훈련하기도 아주 편한데, 훈련에 필요한 것은 축구공과 공간, 단 두 가지 뿐이기 때문이다. 저글링을 할 때 가장 쉬운 부위는 허벅지다. 물론 이는 허벅지가 발과 머리를 제외하면 공을 컨트롤할 수 있는 모든 부위 중 가장 넓은 부위이기 때문이다. 저글링 훈련의 효과를 극대화하기 위해서는 스스로 몇 가지 조건을 걸고 해보는 것이 좋다. 발로 저글링 훈련을 할 때는 발가락을 슈팅할 때처럼 써 보자. 땅바닥에 앉아서 두 다리를 뻗고 발만 사용해서 저글링 훈련을 해 보는 것도 좋다. 이런 종류의 훈련들은 경기장 위에서 공을 더 잘 컨트롤하는 데 도움이 된다.

또 다른 저글링 훈련 방법은 신체 부위를 하나씩 바꿔가며 하는 'around the world'라는 훈련이다. 처음에 오른발로 시작해서 오른쪽 허벅지, 오른쪽 어깨, 머리, 왼쪽 어깨, 왼쪽 허벅지, 왼쪽 발(왼발로 시작했다면 반대 방향으로)로 이동한 뒤 다시 반대 순으로 이동하는 것이다. 한 번에 전체 과정을 하는 것이 힘들다면, 중간중간 나눠서 연습해 보는 것이 좋다(예를 들어 '오른쪽 어깨-머리-왼쪽 어깨' 이 세 구간만 따로 연습한다).

저글링의 또 다른 한 가지 좋은 훈련 방법은 네 번째마다(혹은 자신이 정한 임의의 숫자마다) 공을 자신의 키보다 두 배 이상 높이로 차올렸다가 다시 공을 컨트롤하며 계속해서 저글링을 이어가는 것이다. 또는 공을 머리 높이 이상으로 띄워 올린 다음 공중에 뜬 공을 잡아서 저글링 해나가는 방법도 있다. 움직이면서 저글링 연습을 계속하면 볼 컨트롤 스킬 숙달에 도움이 된다. 스스로 얼마나 빨리, 얼마나 오래 저글링을 할 수 있는지 시험해 보라.

저글링을 할 때 같은 동작을 계속 반복하기보다는 스스로 계속 새로운 방식을 만들어보는 것도 좋다. 처음에는 익숙하지 않겠지만, 인내심을 갖고 계속 시도하다 보면 언젠가는 마스터하게 될 것이다.

그룹 저글링(그룹 볼 리프팅)

점유

앞 챕터에서도 이야기했듯이 저글링은 볼 터치 능력을 향상시키는 데 큰 도움이 된다. 혼자서 저글링 훈련을 할 때는 공을 많이 터치하더라도 항상 공이 어느 위치에 있는지 알 수 있다. 자기 스스로 공을 컨트롤하고 있기 때문이다. 그러나 그룹 저글링을 하게 되면 함께 훈련하는 친구나 동료가 여러분이 예상하지 못한 곳으로 공을 보내올 때가 있기 때문에 불확실한 상황에서 공을 컨트롤하는 연습을 할 수 있다.

내가 가장 좋아하는 그룹 저글링 훈련 시나리오는 한 선수가 공을 터치할 수 있는 한계를 미리 정해놓고 그룹 저글링을 하는 것이다. 예를 들면, 자신이 공을 받았을 때 최소한 2회 이상 터치를 한 후 동료에게 공을 건네도록 하는 것이다. 또는 처음 공을 가진 선수는 1회 터치, 두 번째 선수는 2회 터치, 세 번째 선수는 3회 터치, 네 번째 선수는 4회 터치 만에

30

패스하도록 설정할 수도 있다. 네 번째 선수 이후에는 다시 처음으로 돌아가 1회 터치부터 다시 시작하는 것도 좋다. 어떤 방법을 선택하더라도, 중간에 공을 떨어뜨리지 않고 가장 많이 저글링을 하는 것이 기본목표다.

또 다른 훈련은 농구의 '말'(Horse) 게임과 유사한 'No thighs'(허벅지를 사용하면 안 되는) 게임을 하는 것이다. 이 게임은 여러 명의 선수들이 저글링을 하면서 공을 땅에 떨어뜨리거나, 잘못 컨트롤하거나 또는 허벅지에 공이 맞은 선수들이 그 때마다 8글자(No thighs)에서 한 글자씩 글자를 삭제당해서 8글자가 모두 지워지면 게임에서 지는 것이다. 이 게임은 굉장히 단순해 보이지만 동시에 참가하는 선수들의 경쟁심을 자극할 수 있다. 공이 땅에 떨어졌을 때 누가 아웃을 받아야 하는지에 대해 의견의 불일치가 있다면, 모두가 함께 의논하여 결정할 수 있다.

또 하나의 재미있는 저글링 게임은 네트나 콘을 활용해서 하는 족구(Soccer Tennis)다. 이 게임의 목표는 공을 네트 너머(혹은 두 개의 콘 너머) 상대편으로 넘기는 것이다. 컨트롤을 할 때 공이 바닥에 닿거나, 상대 진영으로 찬 공이 라인을 벗어나면 안 된다. 이 게임을 할 때는 선수들이 몇 회까지 터치를 해도 괜찮은지 스스로 결정할 수 있다. 배구처럼 네트를 넘기기 전에 세 번의 터치를 할 수 있다. 경기 포인트는 11점으로 해도 되고 혹은 임의대로 결정해도 된다.

 모든 저글링 훈련 중에는 공이 아무리 멀리 떨어져서 오더라도 그 공을 컨트롤하기 위해 노력해야 한다. 실전에서는 완벽하게 자신에게 이어지는 공을 받을 기회가 거의 없다. 그래서 민첩하게 몸을 움직이고 비트는 동작은 실전을 위한 좋은 훈련이다.

SKILL

파워 슈팅
: 강슛

슈팅

공을 강하고 정확하게 차려면 자신이 할 수 있는 범위 내에서 가장 강하게 공을 차는 연습을 꾸준히 해야 한다. 공을 강하게 차면 득점 가능성이 높아지는 것은 당연한 일이다. 공이 빠르게 나간다는 것은 그만큼 골키퍼가 반응할 시간이 줄어든다는 것을 의미한다. 물론, 득점을 하려면 공이 골대 쪽으로 정확하게 향해야 한다. 골을 넣는 것은 나중에 생각하자.

공을 세게 차려면 인스텝으로 공을 차라. 간단히 말해 축구화 끈 부분으로 찬다고 생각하면 된다. 인스텝 슛을 잘하려면, 발가락이 아래를 향하게 하고 발목은 고정되어 있어야 한다. 최대 파워의 슛을 하려면 다리 회전과 공을 차기 직전의 마지막 스텝이 정말 중요하다. 디딤발을 가능한 범위 내에서 최대한 넓게 만들어주면 킥을 할 때 몸의 무게를 더 실을 수 있다. 너무 빠르게 다가가 공을 차지 않도록 주의하라. 나는 이러한 상황

32

을 '발이 꼬인다'라고 부른다. 이런 상황이 나오면 킥의 리듬이 흐트러지고 그 결과 결국 강한 슛을 하지 못하게 된다.

다양한 상황에서 공을 강하게 차는 연습을 하라. 예를 들어 공이 정지해 있는 상황, 드리블을 하는 상황, 공이 자신에게 굴러오는 상황, 발리 상황 등을 연습하라. 발리 연습을 할 때는 공을 공중에 띄운 뒤 공이 바닥에 닿기 바로 직전에 차는 연습을 하라. 쉽게 하려면 두 번째 바운드 때 해도 된다.

공을 강하게 찰 수 있게 되었다면 이제 정확하게 차는 것을 생각해야 한다. 우선 공의 가운데 부분을 차야 한다는 것을 명심하라. 가운데 부분을 차면 공을 정확하게 찰 수 있을 뿐만 아니라 공의 속도를 줄이는 회전이 걸리지 않으며, 공을 보내는 위치도 알 수 있다. 공의 움직임을 생각하면서 작은 변화들을 주면, 속도가 줄지 않으면서 원하는 위치로 공을 보낼 수 있게 될 것이다.

모든 코치들은 공을 강하고 정확하게 차는 선수들을 좋아한다. 반대로 상대팀 코치들과 골키퍼들은 슛을 잘하는 상대 선수를 싫어한다. 공을 강하고 정확하게 차는 데 시간을 투자하는 것은 충분히 가치 있는 일이다.

슈팅 자체에 만족하지 마라

슈팅

공중에 떠 있는 공을 차는 것을 발리라 부른다. 발리슛을 한 공은 아래로 떨어지기 쉽고, 그런 이유로 득점 가능성도 높아진다. 왜 득점 가능성이 높을까? 이러한 슛은 공이 골포스트나 골키퍼보다 더 높이 날아간 뒤에 갑자기 뚝 떨어져 득점으로 이어질 수 있기 때문이다. 공이 갑자기 떨어지게 하기 위해서는 슛을 하는 다리의 무릎을 위쪽으로 쭉 뻗어야 한다. 이러한 동작은 공에 톱스핀(앞쪽으로 회전)을 주면서, 공이 뚝 떨어지게 만들 수 있다.

발리는 또한 발의 안쪽이나 바깥쪽을 이용해서 회전 슛을 만들어 낼수 있다. 공에 회전이 일어나게 하려면 공의 정중앙을 찬 다음 발을 공의 측면 쪽으로 밀어내야 한다. 만약 오른발의 바깥쪽을 사용하려면 발을 공의 왼쪽 측면으로 밀어내야 하고, 발의 안쪽을 사용하려면 발을 공의 오른쪽 측면으로 밀어내야 한다. 이러한 방식으로 공을 밀어내면 공이 좌우 측면으로 휘는 회전 슛이 나온다. 톱스핀을 걸어 공이 골대 위쪽에서 안쪽으로 뚝 떨어지는 슛처럼 양 측면으로 휘는 회전 슛 역시 골포스트 바깥쪽으로 차서 골대 안쪽 골키퍼 옆으로 휘어 들어오게 하는 것을 목표로 해야 하고, 이러한 슛이 성공적이면 골키퍼는 슛을 막기가 더욱 어려워진다.

물론 발리가 스핀만을 활용하는 슛은 아니다. 발리 슈팅을 할 때는 공의 정가운데 부분을 차는 것이 수월하고, 공의 가운데 부분을 차면 회전이 없는 슛이 나가게 된다. 이러한 슛은 야구의 너클볼(무회전슛) 같은 현상을 일으켜서 공이 불규칙하게 움직이게 만들어 골키퍼가 공을 막기 어렵게 한다. 야구에서의 너클볼처럼 축구에서도 너클볼을 구사하려면 엄청난 연습이 필요하다. 연습을 하면서 어떻게 차야 너클볼 형태의 슛이 나오는지 알아낸 후, 너클볼이 나올 수 있는 공의 부분에 발을 잘 맞출 수 있게 반복 연습하라.

발리 슈팅은 효과적인 스킬이 될 수 있다. 골키퍼 시절 나는 발리 슈팅을 막는 것이 다른 슈팅보다 더 어려웠다. 볼의 궤적을 예측하기가 쉽지 않기 때문이다. 발리 슈팅은 뚝 떨어질 수도, 무회전으로 정면으로 날아올 수도, 중간에 회전할 수도 있다. 물론 발리 슈팅은 피치 위의 공을 차는 것보다 어려운 스킬이지만, 이 스킬을 능숙하게 익히고 나면 더 좋은 선수가 될 수 있다.

롱킥
: 공중 볼 패스

패싱

경기를 하다 보면 공을 지면에서 띄우는 롱킥이 필요한 상황이 있다. 이를테면 상대팀이 우리 팀을 압박해오는 상황이나 크로스가 필요한 상황, 또는 프리킥이나 골킥 같은 세트피스 상황 등이 그렇다. 적절한 스킬을 가지고 있고 반복적인 연습이 이뤄진다면 필요한 순간에 롱킥을 적절하게 사용할 수 있다.

롱 프리킥을 차야 하는 상황에서는 공을 강하게 차서 원하는 위치까지 정확하게 공을 보내는 능력이 필요하다. 공을 강하게 차기 위해서는 공의 정가운데 부분으로 차야 한다. 양 측면을 찰 경우에는 공에 회전이 걸려 원하는 만큼 공이 강하게 나가지 않는다. 공을 띄우기 위해서는 축구화 끈 바로 옆 부분을 차는 방법인 인스텝 킥을 정확한 각도에서 차야 하고, 몸을 뒤로 기울인 채로 공의 중심점보다 아랫부분을 차야 한다. 공의 아랫부분을 찰수록 공은 더 높이 뜨게 된다. 원하는 높이로 공을 보내려면 공의 어느 부분을 차야 하는지 연습을 통해 알아봐야 한다. 마지막으로 슛을 한 후에는 다리를 멈추지 말고 끝까지 뻗어야 한다.

크로스 상황에서의 킥 스킬은 프리킥 상황과 크게 다르지 않다. 단지 몸을 열면서 차는 것만 다르다. 이 동작을 잘하기 위해서는 마지막 보폭을 맞출 때 디딤발을 킥의 목표로 하는 방향으로 향하게 해서 몸이 열리게 해야 한다.

강한 슛을 찰 때처럼 롱킥을 찰 때에도 마지막에 보폭을 크게 하는 것이 중요하다. 이러한 동작은 공에 체중을 싣게 해주고, 결국은 공의 파워를 강하게 해준다.

"나는 내 약점을 파악하고 그것을 나의 강점으로 만들었다."

- 시드니 르루

헤딩 & 스로인
: 허리를 활용하라

헤딩

헤딩과 스로인이 같은 카테고리에 묶여 있는 것을 의외라고 생각하는 독자가 있을지도 모른다. 하지만, 헤딩을 할 때 사용하는 가장 중요한 힘의 근원과 롱 스로인을 할 때 사용하는 힘의 근원은 정확히 같은 부위다. 허리를 뒤로 젖혔다가 앞으로 뻗으면서 나오기 때문이다. 스로인의 경우 힘만큼이나 타이밍이 중요하다. 스로인을 강하게 하기 위해서는 상체를 앞으로 구부리는 것과 동시에 공을 멀리 던져야 한다.

무릎을 구부렸다가 펴면서, 등을 구부렸다가 앞으로 뻗으면서 스로인 규칙에 맞춰 멀리 던지는 연습을 해 보자. 이렇게 하는 것에 익숙해지면 경기 중에 하는 것처럼 제자리에 서서 스로인 하는 것도 연습해 보자.

종종 아주 멀리서부터 터치라인까지 뛰어오면서 그 힘을 활용해 장거리 스로인을 시도하는 선수들도 있다. 이것은 제자리에서 던지는 것보다 어렵지만, 허리를 잘 활용하면 더 멀리 공을 던질 수 있게 해준다.

헤딩과 스로인 동작에서 허리가 아주 중요한 것은 사실이지만 동시에 머리도 아주 중요하다. 물론 모든 감독은 영리한 선수를 좋아한다. 실제로 머리는 공을 터치할 수 있는 신체부위 중 하나다. 헤딩은 슈팅을 할 때도, 패스를 할 때도, 공을 클리어링 할 때도 모두 사용할 수 있기에 적절한 스킬을 익히는 것이 중요하다. 반대로 헤딩을 잘못 시도하면 뇌진탕을 겪을 수도 있다. 헤딩을 할 때는 이마를 이용하고 공이 이마에 와서 맞는 것이 아니라 자신이 이마로 공을 맞춰야 한다는 사실을 명심할 필요가 있다.

헤딩을 할 때는 목을 뒤에서 앞으로 움직이면서 내는 힘이 필요하다. 또 스로인을 할 때처럼 허리를 구부렸다가 뻗으면 더 큰 힘을 실을 수 있다. 이렇게 하는 것이 헤딩 파워를 극대화하는 데 도움이 된다. 공중에 뜬 공에 헤딩을 시도할 때는 점프를 한 후 가장 높은 지점에서 허리와 목을 이용해 헤딩을 시도하라.

 스로인을 더 멀리 하기 위해서는 허리의 유연성과 힘을 키울 필요가 있다. 체조 선수들은 그들의 엄청난 허리힘과 유연성 덕분에 축구를 할 때 아주 멀리 스로인 할 수 있다.

원터치 패스(논스톱 패스)
: 볼 소유권 유지

패싱

경기 중에 공을 받을 때는 항상 원터치로 공을 패스할 수 있는 여지를 둬야 한다. 상대 수비수가 수비하기 위해 접근해올 때 공을 빨리 처리할 수 있는 역량은 우리 팀이 공의 소유권을 유지하느냐 빼앗기느냐와 직결되기 때문이다.

인사이드 패스를 할 때는 디딤발은 패스를 하고자 하는 타깃을 향하고 발목은 고정되어 있어야 한다. 그래야 더 정확하고 강하게 패스할 수 있다. 발목이 고정되어 있지 않으면 공을 강하게 찰 수 없고 정확도도 떨어진다. 공이 뜨지 않게 하면서 잘 나아가도록 톱스핀을 주기 위해서는 공의 중앙보다 바로 위쪽을 차는 것이 좋다.

벽에(벽이 없다면 평평한 표면이 있는 곳에) 공을 차면서 혼자 패스 연습을 해 보자. 한 번에 몇 번까지 연속 패스가 가능한지 시도해 보자. 또 동료와 함께 앞뒤로 원터치 패스 연습을 해 보자. 공을 낮게 깔아서 보내는 패스 연습도 해 보자. 공이 공중에 뜨면 실수가 나오기 시작한다. 3~4명과 함께 왼쪽, 오른쪽으로 패스하는 연습을 해 보자. 그리고 조를 이뤄 연습을 하면서 점점 더 먼 거리에서 패스하는 연습을 하자. 마지막으로 이동하면서 패스하는 연습도 해 보자.

최고의 선수와 팀은 원터치 패스도 아주 정확하게 구사한다. 궁극적으로는 공의 옆 부분을 발목 근처로 차는 것이 좋다. 이렇게 할 경우 공의 가장 넓은 면을 차기 때문에 패스를 실수할 확률이 낮아진다.

"사람들이 성공하는 것은 그들이 부지런히 노력하기 때문이다.
운은 성공과 아무런 관련이 없다."

- 디에고 마라도나

골키퍼 슈팅 방어

골키핑

골키퍼에게 가장 중요한 임무는 공이 골문 안으로 들어가지 못하도록 막는 것이다. 다시 말하자면 상대의 슈팅을 막아야 한다. 그리고 슈팅을 막는 것만큼 중요한 것이 상대 팀에 리바운드 슈팅 기회를 주지 않는 것이다.

물론 리바운드 기회를 주지 않는 가장 좋은 방법은 공을 손으로 잡는 것이다. 첫 번째로 공이 오는 길목에 위치를 잡고, 만약 손으로 공을 못 잡더라도 몸으로 슈팅을 막을 수 있도록 해야 한다. 손으로 공을 잡을 때는 손가락으로 힘껏 공을 잡는 것을 잊지 말아야 한다. 손가락 끝이 가능한 한 공의 가장 높은 위치에 가도록 하는 것을 잊지 마라. 공이 자신의 머리 위로 올 경우에는 몸으로 공을 막을 수 없다. 손이 공에 닿을 때는 부드럽게 잡도록 신경을 써라. 공을 부드럽게 다루는 것은 모든 골키퍼에

42

게 필요한 아주 중요한 능력이다.

중거리 슈팅을 막을 때, 특히 상대 선수들이 근처에 있을 때는 가능한 모든 수단을 사용해서 공을 잡아야 한다. 속도가 빠른 슈팅을 막을 때는 공을 최대한 부드럽게 다루는 스킬을 이용해서 공을 자신의 앞에 떨어뜨린 후에 잡아야 한다. 이렇게 하는 것이 강한 슈팅이나 무회전 슈팅을 곧바로 잡는 것보다 더 안전하다.

공을 향해 다이빙을 할 때도 잡는 스킬은 유사하다. 손으로 공을 최대한 꽉 쥐어야 한다. 물론 다이빙 세이브를 할 경우에는 공을 한 번에 잡는 것이 불가능하다(자신은 그라운드에 넘어진 상태이기에 리바운드를 포기한 상태가 된다). 따라서 다이빙해서 슈팅을 막을 때는 공을 바깥으로 쳐내서 코너킥을 유도해야 한다. 공을 쳐내기 위해서는 골포스트 바깥쪽으로 손을 뻗어서 공을 쳐낸다. 골을 허용하거나, 리바운드 슈팅 찬스를 주는 것보다는 코너킥을 허용하는 편이 훨씬 낫다.

 골키퍼에게 슈팅을 막는 연습은 아무리 해도 끝이 없다. 그러나 지친 상태에서 의욕 없이 슈팅을 막는 연습을 해서는 안 된다. 집중력을 유지한 채 슈팅 방어 연습을 하도록 하자.

골키핑
: 높은 슈팅 막기

골키핑

상대의 코너킥이나 크로스 상황에서 공이 높이 떠서 골문을 향할 때는 골키퍼가 그 공을 확실하게 잡거나, 그렇지 않으면 위험하지 않은 지역으로 쳐내는 것이 중요하다. 공을 바로 잡을 경우에는 공중으로 바로 뛰어오른 후 가장 높은 위치에서 공을 잡아낸다. 수직으로 가장 높게 뛰어오르기 위해서는 팔과 다리를 이용해 가능한 한 가장 높이 뛰는 연습을 해야 한다. 공을 잡기 위해 점프할 때 자신의 몸을 보호하려면 왼발로 점프하는 경우 오른 허벅지가 땅과 수평이 되도록 구부린다. 그렇게 한 다음 가장 좋은 타이밍에 공을 완전하게 잡아내면 된다.

점프 후 다시 내려올 때 종종 공을 가슴으로 끌어안는 실수를 하는 골키퍼도 있는데, 그렇게 하지 않고 내려온 후에도 손을 뻗고 있는 것이 중요하다. 공을 머리 아래로 내리는 동작으로 인해 다른 동작을 하지 못하게 된다. 뿐만 아니라 골키퍼가 공을 머리 위로 들고 있는 상태에서는 상대 공격수가 충돌해오더라도 주심이 골키퍼를 보호해줄 것이다.

페널티박스에 선수들이 너무 많거나, 잘못된 판단으로 공을 한 번에 잡지 못했을 경우 가장 안전한 방법은 공을 페널티박스 바깥으로 쳐내는 것이다. 펀칭을 할 때는 복싱 동작을 할 때처럼 팔을 써야 한다. 팔꿈치를 충분히 활용해서 펀칭의 강도를 세게 하는 것이 중요하다. 가장 흔한 실수는 손목을 사용하는 것인데, 그렇게 하면 위험할 뿐 아니라 부상의 위험도 높다. 펀칭을 할 때는 강하게 또 높이 쳐내는 것이 안전하다.

끝으로 공을 한 번에 잡을 수도 펀칭할 수도 없을 때는 손바닥이나 손가락 끝을 써서 공을 안전하게 쳐내야 한다. 공을 쳐낸 후에는 빠르게 자기 자리로 돌아와야 한다. 자신이 쳐낸 공이 상대 공격수에게 흘러 슈팅을 시도할 수도 있기 때문에 이에 빠르게 대비해야 한다.

높은 공을 방어할 때, 타이밍만큼이나 골키퍼의 자세가 중요하다. 페널티 에어리어에서 선수들과 함께 훈련하는 것을 잊지 마라. 게임 상황을 시뮬레이션하면서 움직임을 방해하는 요소를 피하는 연습을 해 보는 것이 중요하다.

히치킥/바이시클킥(오버헤드킥)
슈팅 스킬 늘리기

슈팅

공이 지면에서 높이 떨어져 있는 상황에서 슛을 하고 싶다면, 히치킥(가위차기)을 완벽히 할 줄 알아야 한다. 공이 무릎 높이에 있거나 무릎보다 높이 있을 경우, 신체 구조상 발리슛을 효과적으로 하기가 쉽지 않다. 믿지 못하겠다면 직접 시도해 보라. 발이 공의 아래를 차서, 슈팅한 공이 골대 위로 치솟는 모습을 보게 될 것이다. 이렇듯 공이 차기 어려운 위치에 있을 때 히치킥을 하면 공을 강하게 찰 수 있고, 높은 수준의 슛을 할 수 있다.

그러면 어떻게 해야 하냐고? 몸을 띄운 상태에서 컨트롤이 가능한 발리슈팅을 할 수 있도록 훈련하면 된다. 이러한 동작을 하기 위해서는 슛을 할 발로 점프를 한 다음, 반대쪽 발을 강하게 위쪽으로 차 올려서 몸을 높이 뜨게 만들어야 한다. 몸이 충분히 높이 올라간 순간 발리슈팅을

46

하는 것처럼 공을 차면 된다.

그림 1. 3

히치킥 동작은 축구에서 가장 흥미로운 스킬 중 하나인 바이시클킥으로도 사용된다. 공이 머리 위에 있을 경우, 슛을 해야 하는 발로 점프를 한 후 반대쪽 발로 히치킥 동작을 해야 한다. 그리고 나서 몸을 지면과 평행하게 만든 다음 발리슈팅을 하듯 슛을 하면 된다. 바이시클킥을 하면 등으로 착지하기 때문에 미리 손을 이용해서 착지할 준비를 해야 한다. 바이시클킥은 발리슈팅처럼 공이 어디로 향할지 예측이 되지 않아서 골키퍼들이 싫어하는 슈팅이다. 솔직히 대부분의 경우 슈팅을 하는 선수조차 공을 보지 못한다.

바이시클킥은 등으로 착지하기 때문에 연습 과정이 고통스러울 것이다. 덜 고통스럽게 연습을 하려면 높이뛰기나 장대높이뛰기에서 사용하는 매트를 사용하면 좋고, 더 재미있게 연습하기 위해서는 호수나 수영장의 얕은 수면이 있는 지점에 가서 하면 좋다. 물이 착지하는 순간의 고통을 덜어줄 것이다. 다만 물가에서 연습하려면 축구공이 아닌 비치볼을 사용하는 편이 나을지도 모른다.

> 기억해야 할 것 : 축구는 신체가 접촉하는 스포츠다(그 누구도 이 사실을 부정할 수 없다). 중심을 잃었을 때에도 효과적으로 플레이할 수 있도록 훈련해야 한다. 다양한 상태에서 시도하는 슈팅인 히치킥과 바이시클킥 연습을 하면 실제 경기 상황에서 큰 도움이 될 것이다.

사이드 발리슛
: 슈팅 궤도가 아래를 향하도록 슈팅하라

슈팅

페널티박스 안에서 자신의 오른편 허리 높이쯤에 공이 있다고 상상해보자. 많은 선수들이 공을 컨트롤하려고 시도할 것이고 한 번 또는 여러 번의 볼 터치를 할 것이다. 공을 터치하는 동안 상대편 선수들과 골키퍼는 공격수를 방어할 충분한 시간을 갖게 된다. 그 시간만큼 득점 확률은 낮아진다. 만약 터치 없이 강한 사이드 발리 슈팅을 할 수 있다면, 득점에 성공할 가능성이 높아진다.

사이드 발리 슈팅을 하기 위해서는 공이 왔을 때 디딤발을 골대 방향으로 돌리고 몸을 회전시켜야 한다. 그리고 슛하는 발을 지면과 수평으로 만들어 차면 된다. 이 모든 동작이 한 번에 일어나야 한다. 몸의 회전 속도를 빠르게 하고 몸의 균형을 맞추기 위해서는 팔을 사용하면 된다. 슈팅의 파워는 킥 모션과 몸의 회전 두 가지에 의해 결정된다. 또한 강한 임팩트를 주려면 슛을 하는 발의 발가락이 아래쪽을 향하게 해야 한다.

공중에 뜬 채 사이드 발리 슈팅을 하는 것은 흔히 나오는 스킬이 아니다. 바이시클킥처럼 말이다. 공중 사이드 발리 슈팅을 하기 위해서는 바이시클킥과 유사한 동작을 취하면 된다. 사이드 발리 슈팅은 점프를 하면서 차는 것이다. 어렵게 들리나? 맞다. 물론 이는 어려운 동작이다. 그러므로 많은 연습이 필요하다. 바이시클킥처럼 공중 사이드 발리슛은 등으로 착지하기 때문에, 연습을 할 때 고통을 줄이려면 바닥에 매트를 깔거나 수영장 풀 안에서 연습하는 것이 좋다.

> 사이드 발리슛을 연습할 때는 골문 쪽으로 공이 향할 수 있도록 공의 어느 부분을 차야할지 생각하면서 연습하도록 하자. 공의 중심부보다 약간 위쪽을 차면 골문 쪽으로 공이 향할 것이다. 각도가 약간 잘못돼도 여전히 득점할 가능성은 있다. 슛을 한 공의 방향이 아래쪽으로 향하는 것이 위로 뜨는 것보다는 좋다.

"그들이 할 수 있다고 생각하는 것보다
더 어려운 것에 도전하는 모습은 아름답다."

– 애비 웜바크

전술
TACTICS

PART 2

경기를 승리로 이끄는 것은 선수 개개인의 스킬이 아니다. 그러므로 승리하기 위해서는 좋은 동료가 필요하고 자신도 좋은 동료가 되어야 한다. 다르게 말하면 거의 무의식적인 수준에 이를 때까지 팀과 함께 공격하고, 수비하고, 어시스트해야 한다. 이 파트에서 우리는 여러분이 동료들과 함께 경기력을 향상시킬 수 있는 몇 가지 조언을 전할 것이다.

공 받기
: 최대한 많은 옵션을 만들라

점유

실전 경기에서 선수들은 자주 이런 말을 듣는다. "나한테 패스해, 나 지금 비어 있다고!" 그러나 실제로는 그 선수가 비어 있는 상태가 아닐 때가 많다. 공을 소유하고 있는 선수는 동료가 정말로 '비어 있는(수비수가 없는)' 상태가 되기 전에 완벽한 패스 길목을 파악할 필요가 있다.

그렇게 하기 위한 첫 번째 단계는 말 그대로 완벽히 열려 있는 패스 길목을 확보하는 것이다. 때로는 패스 길목이 열려 있더라도 수비수가 지근거리에서 주시하고 있는 경우도 있다. 이런 경우에는 공을 받을 수 있는 패스 길목에서 순간적으로 약간 떨어졌다가 다시 돌아오는 것도 하나의 방법이다. 이러한 방법은 패스를 받을 때 더 많은 공간이 생기게끔 해준다. 또한 자신이 동료로부터 패스를 이어받을 때는, 공을 이어받은 후에 원터치 혹은 투 터치 안에 다른 동료에게 패스할 수 있는 옵션을 생각하

53

면서 공을 받아야 한다.

정말로 완벽하게 비어 있는 상태
가 됐을 때 동료들에게 자신의 상
태를 알리거나 제스처를 통해 좋은
방향으로 패스를 해달라고 요구할
수도 있다. 그렇게 하면 동료들도
자신을 타깃으로 삼아서 공을 넘겨

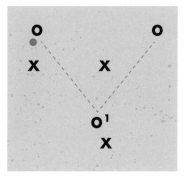

그림 2. 1

줄 수 있다. 거시적인 관점에서 보면 자신이 패스를 받은 직후 얼마나 동
료에게 패스를 잘 이어주느냐가 곧 자신이 패스 받을 가능성을 높여주는
길이기도 하다. 공을 받은 후 소유권을 자주 빼앗기거나 패스 미스를 범
하게 되면, 동료들이 패스하는 것을 꺼릴 수 있고 그런 선수는 감독이 경
기에 투입하지 않을 것이다.

축구 경기를 많이 봐야 한다. 프로 선수들이 어떻게 패스를 받고 다
른 동료에게 패스하기 위해 공간을 찾아 움직이는지 관찰해 보라. 동
료에게 패스를 받을 때마다 다음 패스를 하기 위해 좋은 포지션을 찾는 연습을
하라.

상대팀 골대를 향해(공격하는 방향으로) 플레이하라

점유

자신의 팀이 공을 점유하고 있을 때는, 터치를 적게 할수록 점유를 오래 유지할 가능성이 높아진다. 많은 감독들이 자신이 바라보는 방향을 향해 플레이하라는 말을 강조한다. 볼을 받아서 돌아서려고 동작을 취하는 것이 아니라 자신이 바라보는 방향을 향해 플레이할수록 원터치 패스를 통해 패스를 연결할 확률이 높아지고, 자신에게 가능한 더 많은 옵션을 확인할 수도 있다. 그 외에 다른 방향으로 플레이를 하려고 할 때는 원터치 이상이 필요할 때가 많고 동료를 찾기 위해서 더 많은 시간이 필요하다. 자신과 가장 가까운 곳에 있는 상대 선수가 그 사이에 접근해올 수도 있고 그로 인해 압박을 당하거나 태클을 당할 가능성도 높아진다.

자신이 패스를 받을 수 있는 열려 있는 상태일 때는 자신의 주변에 가장 좋은 옵션이 무엇인지를 미리 파악해야 한다. 최고의 옵션이 오른쪽일 때는 패스를 받기 전에 미리 자신의 몸이 오른쪽을 향하도록 움직여야 한다. 그러면 정면에서 패스를 받지는 않겠지만, 다음 플레이를 하고자 하는 방향을 정면으로 바라보면서 공을 받을 수 있다.

팀 전체가 패스를 받는 선수들이 최고의 옵션이 무엇인지 미리 알게끔 도와야 한다. 패스를 받는 선수가 노마크 상태라면, 그때는 패스를 받으며 돌아서는 동작을 해도 된다. 그러나 만약 패스가 향하는 동료 근처로 상대 수비수가 압박해오고 있다면 "조심해!"라고 구두로 알려서 그 선수가 돌아서는 대신 자신이 패스 받는 방향을 향해 다시 패스하도록 유도해야 한다. 동료 선수들은 패스 받는 선수가 보지 못하는 후방의 모습을 대신 파악하고 알려주는 역할을 해야 한다. 이렇게 되면 모든 선수들이 패스를 받은 후에 올바른 선택을 할 수 있을 것이다.

> 경기 중 말로 소통을 많이 하는 팀이 좋은 팀인 경우가 많다. 물론 팀에 도움이 되는 정보에 대해 소통하는 팀의 경우가 그렇다. 팀원들은 모두 동료를 위해 뛰어야 한다는 사실을 기억하자.

"축구에서 가장 심한 맹인은 오직 공만 쳐다보는 선수다."

– 넬슨 팔카오 로드리게스

오픈된 상태 만들기
: 공간을 향해 뛰어라

점유

경기 중에 여러분은 자신이 패스를 이어받을 수 있도록 오픈된 상태가 되거나 혹은 다른 선수가 오픈된 상태가 될 수 있게끔 플레이하고 싶을 것이다. 그렇게 하기 위한 가장 좋은 전략은 상대 수비수가 잘 볼 수 없는 빈 공간을 향해 가능한 많이 달리는 것이다. 더 구체적으로 말하면 자신을 마크하고 있는 수비수가 자신과 공을 동시에 파악할 수 없게끔 움직이라는 것이다. 공격수가 이렇게 움직이는 것은 수비수에게는 결코 수월한 상황이 아니다. 수비수가 공의 흐름을 잃어버리면 선수에게 따라붙더라도 언제 패스가 이어질지 정확히 파악할 수 없다. 반대로 수비수가 너무 공만 바라보면 공격수가 어디에서 패스를 받을지 알 수 없다. 수비수의 시야 안에서 너무 많은 움직임을 보이는 것은 효과적인 방법이 아니다. 그렇게 하면 상대 수비수가 공격수의 플레이를 예측할 수 있게 되어 더 효율

적인 수비가 가능해진다. (그림 2.2)

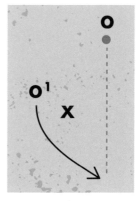

그림 2.2

조직 수비 시에 수비수들은 동료의 지원을 받는다. 동료들의 적절한 지원을 받는 수비수들은 공을 가진 선수에게 다가가는 동시에 자신을 도와주는 동료가 있는 방향으로 몰아갈 수 있다. 이런 상황에 놓일 때는 상대 수비수가 동료로부터 도움받기 어려운 지역을 향해 달려야 한다. 수비수가 자신을 따라오면 더 이상 수비 지원을 받을 수 없는 상황에 놓이고, 따라오지 않으면 공격수가 오픈된 상태가 된다. 또는 자신의 동료 선수 주변으로 달리면서 자신을 막고 있던 선수로 하여금 그의 동료를 지원할 수 없게 만들 수도 있다. 이런 식으로 공간을 향해 달리는 행동은 자기 자신, 또는 동료를 자유로운 상태로 만들어주고 그 결과 상대의 수비를 무너뜨릴 수 있게 한다.

수비수 앞으로 공간을 찾아 달리는 동작은 자신이 서 있던 공간을 향해 달려오는 동료 선수에게 좋은 기회를 만들어줄 수 있다. 상대 수비수가 자신(달려들어가는 선수)과 공을 주시하느라 동료 선수를 신경 쓸 겨를이 없기 때문이다.

크로스 향해 달리기
: 공간을 만든 후 결정지어라

스코어링

여러분의 팀이 코너킥이나 측면에서의 프리킥으로 크로스를 통한 공격을 시도할 때 동료 선수들의 움직임이 중요하다. 물론 많은 선수들이 동시에 상대 골문을 향해 달려들어 가는 것이 좋다. 세 명의 선수가 달린다고 가정하면 한 명은 니어 포스트로, 한 명은 골문 중앙으로, 다른 한 명은 파 포스트로 달려가야 한다.

니어 포스트를 향해 달려갈 때는 니어 포스트 바로 앞까지(엔드라인에서 5미터 내외로) 달려간다. 자신에게 공이 이어지면, 공을 골문 앞 중앙 방향으로 연결하거나 자신이 그 공을 처리하는 척 속이는 동작을 취해야 한다. 자신이 플레이할 것처럼 동작을 취하는 것은 상대 골키퍼로 하여금 니어 포스트 쪽에 집중하게끔 만들 수 있기 때문에 효과적이다. 그렇게 하면 골키퍼는 파 포스트 쪽 공간을 커버할 수 없다. 만약 자신이 니어 포

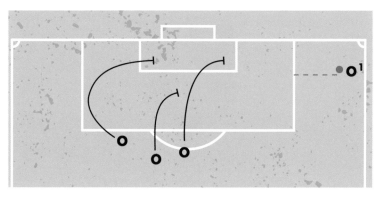

그림 2.3

스트를 향해 달려갔는데 패스가 이어지지 않으면, 골문 앞 중앙 방향을 향해 달려가서 다시 자리를 잡고 공이 자신에게 이어질 상황에 대비하면 된다. (그림 2.3)

골문 앞 정면을 향해 달려갈 때는 페널티 스폿 근처에 자리를 잡고 주변 상황을 주시해야 한다. 크로스가 어느 곳으로 이어지는지 살펴보고 언제든 슈팅을 할 수 있도록 준비해야 한다. 크로스가 이어질 수 있는 장소들을 미리 예상해본 다음 자신이 공을 이어받을 수 있도록 역동적으로 움직여야 한다.

파 포스트를 향해 달려갈 때는 공이 이어지는 타이밍에 도착하도록 유의해야 한다. 이렇게 하면 상대 수비수가 수비하기가 아주 어려워진다. 유리한 지점에 이미 수비수가 자리를 잡고 있다면 크로스가 이어질 때쯤 그 수비수 앞에 자리를 잡으면 된다. 그러면 골을 성공시킬 가능성이 높아진다. 가만히 서서 공이 이어지길 기다리지 마라. 그러면 곧바로 상대 수비수로부터 마크를 당할 가능성이 높다. 자신에게 실제로 공이 이어졌을 때 반대편 니어 포스트 쪽이 비어 있다면 그쪽으로 패스를 하면 된다. 그렇지 않다면 파 포스트 쪽에서 동료들과 패스를 주고받거나 다른 움직임을 가져가면 된다.

크로스 공격 시에는 가장 후방에 위치한 선수가 큰 목소리로 선수들의 위치를 잡아줄 필요가 있다. 최후방에 있는 선수는 다른 선수들의 위치를 잘 확인할 수 있고 니어 포스트, 파 포스트, 중앙의 상황도 잘 알 수 있다. 경기 중에 목소리를 활용해 선수들의 위치를 잡아주는 것은 팀이 득점을 올리는 데 큰 도움이 된다.

TACTIC

크로스의 세 가지 목표

스코어링

크로스를 할 때는 무엇보다도 상대 골키퍼가 공을 쉽게 잡을 수 없는 위치로 보내야 한다. 골키퍼들은 손을 사용할 수 있기 때문에 공중에 뜬 공에 있어서는 그 어떤 선수보다도 유리한 상황에 있다. 유소년 선수들의 경기에서는 골키퍼 바로 앞으로 크로스를 올리는 것이 효과가 있을지 몰라도 경험이 풍부한 골키퍼들은 자기 바로 앞으로 오는 공은 대부분 손으로 잡아낼 수 있다. 그러므로 크로스를 할 때는 크로스가 골키퍼 정면으로 날아가지 않도록 해야 한다. 실전 경기 중에는 상대편 골키퍼가 바로 공을 잡아낼 수 있는 지역이 어느 정도인지 미리 파악하고 그가 확실하게 공을 잡아낼 수 없는 위치로 공을 보내야 한다. (그림 2.4)

크로스를 하는 선수는 일반적으로 세 가지 목표를 갖는다. 첫 번째는 니어 포스트로 크로스를 올리는 것으로 이는 터치라인 3~5미터 이내로

62

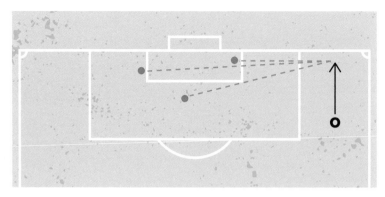

그림 2.4

공을 보내 크로스를 이어받은 동료가 다시 중앙으로 패스를 하도록 유도한다. 두 번째는 자신이 직접 골문 앞 8~10미터 거리로 크로스를 올리는 것(이 거리는 각 골키퍼의 방어 능력과 수비 범위에 따라 결정된다)이다. 마지막은 파 포스트로 공을 보내는 것이다. 이 크로스는 물론 중간에 골키퍼에게 잡히지 않는 방향으로 공을 보내야 하고 골라인 5~10미터 거리로 공을 보내는 것이 이상적이다. 그렇게 해야 자신의 동료가 적절한 타이밍에 이동한 후 강한 슈팅으로 골을 노릴 수 있다. 또 골문 앞 중앙이나 파 포스트로 크로스를 보낼 경우에는 발 안쪽으로 크로스를 해서 공에 회전을 주는 것도 좋은 방법이다. 이렇게 하면 동료가 좋은 슈팅을 할 수 있는 가능성이 더 높아진다.

크로스를 하는 선수는 니어 포스트 쪽으로 빠른 땅볼 크로스를 올릴 수도 있다. 물론 이는 니어 포스트를 향해 빠르게 움직이는 선수가 있을 경우에만 효과적이다. 이 경우 우리 팀에서 가장 앞서 있는 선수가 수비수들을 속이는 동작을 하거나 중앙을 향해 공을 이어줄 수 있도록 빠르게 공을 처리하는 것이 중요하다. 크로스 상황에서는 상대 수비에게 혼란을 주면 줄수록 더 좋은 공격으로 이어진다.

> 얼리 크로스(엔드라인에서 약 16.5 미터 이상)도 효과적일 수 있지만, 엔드라인 끝까지 이동한 후에 크로스를 올리는 것이 더 좋은 상황도 있다. 엔드라인 근처에서 크로스를 올리는 것이 골로 이어질 확률도 높고, 오프사이드에 걸리지 않을 확률이 높기 때문이다.

2 대 1 오버래핑
수비 분산시키기

점유

공을 소유하고 있는 같은 팀 선수의 뒤에서 달려와서 바깥쪽으로 돌아 나가는 것을 '오버래핑'이라고 한다. 공을 소유하고 있는 선수를 마크하고 있던 상대팀 수비수는 오버래핑을 하는 선수의 움직임에 신경이 쓰이게 되고, 그 결과 수비 밸런스가 무너진다. 오버래핑이 이뤄지는 순간 수비수는 공을 가지고 있는 선수의 드리블을 막아야 할지 아니면 빠른 속도로 오버래핑 해오는 선수를 막아야 할지 결정해야 한다. 이러한 수비수의 순간적인 혼란과 그에 따른 잘못된 판단은 곧 위험한 상황으로 이어진다. (그림 2.5)

오버래핑을 효과적으로 하려면 몇몇 요소가 충족되어야 한다. 먼저 오버래핑을 하는 선수는 반드시 공을 가지고 있는 팀 동료 선수의 뒤로 돌아 들어가야 한다. 팀 동료 선수의 앞으로 지나가게 되면 수비수는 오버래핑을 하는 선수가 수비수의 바로 뒤를 지나는 순간 공을 가진 선수에게 강한 압박을 가할 타이밍이 생긴다. 그러나 뒤로 돌아 들어가게 되면 수비수가 강한 압박을 가할 때 뒤로 돌아간 선수가 패스를 안전하게 받을 수 있는 위치에 있게 된다. 또한 오버래핑은 빠르고 역동적으로 달려나가야 한다. 천

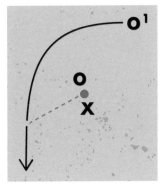

그림 2.5

천히 뛰어 들어가면 대개 실패한다. 분명한 목적을 가지고 오버래핑을 하자.

오버래핑을 할 때 중요한 한 가지는 공을 가지고 있는 팀 동료 선수가 자신이 오버래핑을 시도하고 있다는 것을 인지하게 해야 한다는 것이다. 현재 공을 가진 동료가 다른 선수가 오버래핑을 통해 협력 플레이를 하려고 하고 있다는 것을 알게끔 해야 한다. 그렇다고 소리를 질러 이를 알리면 이는 곧 상대 수비수에게 예고를 해주는 격이다. 공을 가지고 있는 선수는 팀 동료가 뒤에서 오버래핑을 해오는 것을 아는 순간 수비수 안쪽으로 공을 몰고 가면서 오버래핑을 하는 선수에게 공간을 만들어 줘야 한다. 공간을 만들어 준 후 공을 가지고 있는 선수는 밖으로 돌아 들어가는 선수에게 패스를 할 수도 있고, 1 대 1 드리블을 시도할 수도 있다. 두 가지 옵션이 생기는 것이다.

2 대 1의 유리한 공격 상황은 1 대 1 상황을 잘 이어갈 때 비로소 만들어진다는 것을 기억할 필요가 있다. 공을 소유하고 있는 선수는 항상 1 대 1 상황을 유지해야 한다. 1 대 1 상황에서의 움직임은 2 대 1 움직임에 의해 더욱 강력해진다.

공을 소유한 상태의 플레이

점유

공을 소유하고 있을 때 무슨 동작을 취해야 하는지에 대해 답하는 것은 간단한 일이 아니다. 우선 공을 소유하기 전 상황부터 살펴봐야 한다. 공을 받기 전부터 공격을 빠르게 이어 나갈 수 있는 좋은 옵션이 어떤 것인지 미리 파악해야 하고, 그러려면 경기장에서 자신의 위치와 상대 수비수의 상황을 분명히 인지하고 있어야 한다. 만약 좋은 수비력을 갖춘 수비수가 좋은 위치에서 수비를 하고 있다면, 팀 동료에게 패스를 해서 공격 상황을 이어가는 것이 좋다. 반대로 수비수가 수비력이 안 좋거나, 수비할 타이밍이 늦었다고 판단되면 돌파를 시도할 수 있다. 만약 공을 받는 순간 상대 수비수가 빠르게 다가온다면, 수비수 옆으로 원터치를 해서 치고 나가면 된다.

상대 수비수가 공을 소유한 선수보다 느리다면, 공을 소유한 선수는 측면으로 돌파를 하는 방법도 생각해봐야 한다. 측면으로 가면 페널티박스 안으로 위협적인 크로스를 할 기회도 생긴다. 다양한 상황들이 있지만 결국 공을 받는 순간 할 수 있는 선택은 선수마다 다를 수 있다. 자신이 가지고 있는 스킬과 공을 받았을 때의 경기장 위치, 상대 수비수의 수비 능력, 그리고 팀의 플레이 스타일에 따라 달라진다.

공을 받는 순간 선수의 위치는 정말 중요한 요소다. 상대 골대로부터 가까이에서 공을 받을수록 더 많은 찬스를 만들 수 있다. (전방에서는 공을 뺏겨도 상대의 역습을 막아 줄 동료들이 뒤에 있다). 어태킹 서드(경기장을 삼등분했을 때 공격 지역 1/3은 어태킹 서드, 가운데 지역 1/3은 미드 서드, 수비 지역 1/3은 디펜시브 서드라고 부른다 – 옮긴이) 지역에서 공을 받았다면 상대 수비수를 제치는 공격 시도를 많이 할 수 있다. 미드 서드 지역에서 공을 받았다면 여전히 공격 시도를 할 수는 있지만 어태킹 서드 지역에서보다는 제한적이다. 공을 뺏길 경우 상대의 역습을 막아 줄 동료 선수들이 대개 수비수들밖에 없기 때문이다. 디펜시브 서드에서는 공을 잃으면 상대에게 결정적인 기회를 내주기 때문에 무리한 공격 시도를 하지 않는 것이 좋다.

 생산적인 선수가 되려면 항상 경기 상황과 자신의 위치를 알아야 하고, 그때그때 처해진 상황에 맞는 행동을 취해야 한다.

수비적으로 압박하기
단단히 수비하라

수비

상황에 맞게 홀로 또는 팀 동료와 함께 상대를 압박할 수 있다면 그 팀은 더 나은 팀이 된다. 돌파를 허용하지 않는 것만이 수비가 아니다. 돌파를 허용하게 되면 수비 측의 모든 선수들은 상대 팀 선수들이 공격적 우위를 갖고 있는 곳으로 다 같이 수비 위치를 조정해서 압박해야 한다. 오로지 공을 뺏기 위해 수비를 한다면, 그 시도가 실패할 경우 상대에게 기회를 주게 된다는 것을 기억해야 한다. 상대에게 기회를 많이 내줄수록 실점 확률 역시 증가한다.

상대 선수와 1 대 1 수비 상황에서 팀 동료들의 수비 지원이 거의 없을 때는 상대의 공격을 지연하는 플레이를 해야 한다. 상대 선수가 침투 패스를 하지 못하도록 위치를 잘 잡아야 한다. 또 패스 길목을 신경 쓰면서도 돌파를 허용하지 않는 위치를 잡아야 한다. 이런 위치를 잡고 수비를 하면 상대의 공격을 지연시킬 수 있고 팀 동료들이 그만큼 수비 위치를 재정비할 시간을 벌 수도 있다. 압박을 하지 않으면 상대 선수는 그만큼 시간을 얻게 되고, 동료 선수가 빈 공간으로 달려들어가 수비 조직을 붕괴시킬 때까지 기다릴 수도 있다.

연습이 완벽함을 만든다. 1 대 1 상황을 반복해서 연습하라. 1 대 1 능력은 축구의 기본이다. 1 대 1 공격, 수비 상황을 모두 연습해서 둘 다 잘할 수 있게끔 숙련해야 한다. 공수 모두에서 1 대 1 능력이 좋다면 더욱 다재다능한 선수가 될 수 있을 것이다.

"최고의 선수들이 항상 모든 경기에서 이기지는 못한다.
가장 큰 대담성과 배짱을 가지고 있는 선수가 최고의 선수다."

– 미아 함

원투패스 플레이
: 수비 공략하기

콤비네이션플레이

가장 효율적인(그리고 가장 일반적인) 2 대 1 콤비네이션 플레이는 동료에게 패스를 주고 들어가는 '원투패스' 플레이다. 이 플레이의 과정은 다음과 같다. 1) 드리블을 하는 선수는 1 대 1 상황에서 자신의 스피드를 이용해 상대 수비수를 공격한다. 2) 이 상황에서 팀 동료 선수는 패스를 받을 수 있도록 옆쪽으로 공간을 벌려준다. 3) 옆으로 벌려준 팀 동료는 패스를 받으면 수비 뒷공간으로 뛰어 들어가는 팀 동료에게 다시 리턴 패스를 해준다. 이렇게 하면 원투패스 플레이가 완성된다. 이 과정을 거치면 공을 소유하면서 상대 수비수의 뒷공간까지 나아갈 수 있다. (그림 2.6)

'월패스 플레이'라고도 불리는 이 플레이가 완성되려면 몇 가지 요소가 성립돼야 한다. 먼저 드리블을 하는 선수가 수비수와 1 대 1 상황을 만들어야 한다. 드리블을 하는 선수의 동료 선수는 반드시 패스를 받을 수 있는 각도의 위치에 있어야 한다. 그리고 드리블을 하는 선수는 최대한 효율적으로 패스를 해야 한다. 옆으로 벌려 서 있는 동료 선수와 가까운 방향의 발 바깥쪽 부분을 이용해 패스를 하는 것이 가장 효과적인 패스 방법이다. 그리고 그 패스는 동료 선수가 주로 사용하는 발쪽을 향해야 한다. 공을 받은 동료 선수는 수비수 뒷공간으로 들어가는 동

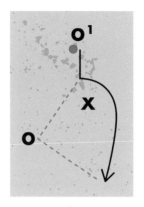

그림 2.6

료 선수에게 원터치로 패스를 해야 한다. 그러면 원투패스 플레이가 완성된다. 첫 패스를 주는 선수는 패스 후에 스피드를 이용해서 수비수 뒷공간으로 돌아 들어가야 한다. 그러면 패스를 받는 선수가 일종의 벽 역할을 하게 되는 것이다.

원투패스 플레이는 실전 경기 중에 계속해서 나오며 경기의 큰 부분을 차지한다. 선수들은 이 플레이에서 드리블러 역할과 벽 역할을 모두 완벽하게 할 수 있어야 한다. 이 플레이는 좁은 공간과 넓은 공간에서 모두 나올 수 있다. 골대 근처에서의 원투패스 플레이는 팀 동료가 완벽한 슈팅 찬스를 갖게 만드는 효율적인 방법이다. 그러나 골대에 가까우면 가까울수록 공간이 좁기 때문에 더욱 정교한 플레이가 필요하다.

 패스를 받는 선수(벽 역할)는 수비수 뒤에 숨어서는 안 된다. 패스를 받을 각도를 잘 만들어 줄수록 성공 확률이 높아진다.

1 대 1 기회를 노려라

점유

드리블에 자신이 있거나 상대 수비수가 주변 도움 없이 혼자 있다면 수비수를 제치는 것도 좋은 선택이다. 수비수를 제치면 상대 팀은 그 공간을 커버하기 위해 전체적으로 수비 위치를 조정하게 된다. 돌파로 상대 수비를 붕괴시키는 것이다.

팀으로서 전체 공간을 효율적으로 조율하면 1 대 1 상황을 만드는 능력이 좋아질 것이다. 공격을 전개해 나가는 팀은 경기장을 깊고 넓게 활용할 필요가 있다. 반대로 수비를 하는 팀은 경기장을 좁게 유지하려고 노력할 것이다. 공격을 하는 팀의 입장에서는 자기 팀의 공격수들과 수비수들 간의 간격을 넓게 벌려서 경기장을 넓게 사용하면 상대 수비수 역시 간격을 넓게 펼칠 것이다. 그러면 공을 점유하기 더 쉬워지고 1 대 1 상황들이 많이 생긴다.

상대 수비수와 1 대 1 상황에서 돌파를 시도할 때 고개를 들고 드리블하라. 팀 동료들이 어디에 위치해 있는지 알아야 한다. 1 대 1 상황에서 상대 수비수를 제치면 다른 상대팀 수비수가 또 다가올 것이다. 고개를 들고 있었다면 (팀 동료를 마크하던 수비수가 자신에게 다가와서) 수비수의 마크가 사라진 동료에게 패스를 할 수 있다.

1 대 1 상황을 더욱 효율적으로 활용할 필요가 있다. 점유를 오랫동안 지속하면 상대 팀 선수들은 계속해서 공을 쫓아다녀야 하고 수비 시간 역시 길어진다. 그러나 수준이 비슷한 팀들 간의 경기에서는 패스 하나만 가지고는 상대 수비를 무너뜨리기 쉽지 않다. 그러므로 훈련을 통해 1 대 1 돌파에 자신이 있는 경우에는 상대 수비수를 제치는 시도가 효과적인 방법이 될 수 있다.

 1 대 1 상황은 축구의 기본 요소다. 친구를 세워놓고 1 대 1 연습을 하자. 그리고 다른 움직임을 통해 다양한 레퍼토리를 만들자.

"선수들은 결국 그들이 어떻게 하는지 잘 아는 플레이를 하게 된다."

- 클린트 뎀프시

─ TACTIC ─

3 대 2 상황에서의 수비 공략

공격

경기 중에 3 대 2 상황이 발생하면 공격을 하는 팀에게 유리한 상황이다. 이러한 유리한 상황에서는 상대팀 동료 선수들이 수비를 돕기 위해 달려오기 때문에 빠르게 공격을 전개해야 한다. 다시 말해 공격 시간이 길어질수록 상대 팀이 득점 찬스를 막을 확률이 커진다. 2 대 1 상황에서처럼 3 대 2 상황에서도 항상 1 대 1 상황이 함께 나온다. 수비수 입장에서는 상대가 드리블로 돌파를 할 수 있다는 사실을 항상 생각하며 수비한다. 1 대 1 돌파를 하려면 두 명의 수비수 중 한 명의 선수를 고립시킨 뒤에 해야 한다. 그러면 대부분의 경우 나머지 한 명의 선수가 달려올 것이고, 그때 두 명의 팀 동료 선수들에게 오픈 찬스가 생긴다. 팀 동료들은 패스를 받을 수 있으면서도 동시에 슛을 하기 좋은 위치에 있어야 한다. (그림 2.7)

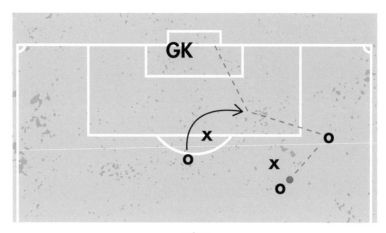

그림 2.7

   3 대 2 공격 상황에서 3명의 공격 선수들 중 가운데에 있는 선수는 두 명의 상대 수비수가 자신에게 다가오도록 유도하면 좋다. 그러나 동시에 드리블에 실패하는 상황이 발생하지 않게 조심해야 한다. 공을 뺏기면 수많은 이점을 잃고 불리한 상황에 놓이기 때문이다. 두 명의 상대 수비수들이 자신에게 접근하게 만들면 자연스럽게 두 명의 팀 동료들에게 오픈 공간이 생기고, 패스를 통해 동료들에게 더 나은 찬스를 만들어 줄 수 있다.

   3 대 2 상황에서 공격에 성공하는 다른 방법은 패스를 통해 빠르게 공격을 전개하는 방법이다. 가운데 있는 선수는 양쪽에 위치한 동료 선수들 가운데 한 선수에게 패스를 하고, 공을 받은 선수는 다시 원터치 패스를 통해 두 명의 상대 수비수를 무너뜨리면서 득점 찬스에 있는 제 3의 동료 선수에게 빠르게 패스를 하면 된다.

3 대 2 상황을 훈련할 때는 실제 경기 스피드에 맞춰 연습하라. 또 더 많은 수비수들이 커버를 위해 달려오고 있다고 가정하고 연습하라. 실제 경기 스피드보다 느리게 연습을 하면 상황 자체가 실제 경기와 다르기 때문에 비효율적이다.

목적을 갖고 패스를 받아라

점유

축구 경기에서 나오는 모든 행동에는 목적이 있어야 한다. 패스를 받는 동작 역시 마찬가지다. 선수들은 경기장의 다양한 위치에서 공을 받을 수 있다. 동료 선수들의 위치를 확인하고 동료에게 상대 수비수들이 압박을 못하게 움직임을 가져가야 공을 받기 좋은 상황을 만들 수 있다. 앞서 설명한 원투패스 플레이(Tactic 9) 상황에서 벽 역할을 하는 선수가 패스를 받는 선수의 좋은 예다. 상대 수비수를 무너뜨리는 패스를 받기 위해서는 상대 수비수들이 알아차리기 어려운 위치로 달려가야 한다. 오 버래핑을 통해 상대 수비 대형을 무너뜨리고 동료 선수에게 오픈 공간을 만들어 줄 수 있다.

패스를 받는 위치는 어떻게 결정해야 할까? 먼저 자신이 어떤 옵션을 가지고 있는지 알아야 한다. 그리고 훈련과 실전 경험을 통해 다양한 상황에서 무슨 일이 발생하는지 배워야 한다. 자신이 패스를 받을 위치를 상대 수비수가 예측하지 못하도록 다양한 방식으로 움직일 필요가 있다.

　마지막으로 이미 공을 받을 위치에 있지만 동료가 패스를 주지 않았을 때 어떻게 움직여야 하는지에 대해서도 알아야 한다. 가장 중요한 것은 위치 변화를 통해 공격이 멈추지 않게 해야 하고 상대 수비수를 계속 움직이게 만들어야 한다는 것이다. 공격할 때의 가장 좋은 움직임은 어떤 위치로 달려야 공을 받을 수 있는지 알고 움직이는 것이다. 이러한 움직임들은 실전 경기 중에 계속 위치를 조정하며 내리는 의사결정에서 나오는 움직임들이다.

> 잘하는 선수들의 움직임을 유심히 보자. 그 선수가 어떻게 뛰고 어떤 위치에서 패스를 받는지 살펴보자. 그 선수가 왜 저런 위치에서 공을 받는지 생각해 보고, 다음 동작은 과연 어떤 위치에서 공을 받을지 유추해 보자. 이러한 상황들을 잘 이해할수록 실제 자신이 플레이할 때 잘 적용할 수 있다.

트라이앵글 서포트

점유

자신의 팀이 공을 소유하고 있는 상황이라면 공을 가지고 있는 팀 동료에게 패스를 받을 수 있도록 패스 경로를 만드는 것이 중요하다. 점유 상태를 유지하는 좋은 방법 중 하나는 바로 경기장 곳곳에 팀 동료들과 함께 많은 '트라이앵글(삼각형)' 대형을 만드는 것이다. 공을 가지고 있는 선수는 트라이앵글 중 하나의 꼭짓점이 된다. 트라이앵글의 나머지 두 선수들은 공을 가진 선수를 돕는 역할을 한다. 공이 움직이는 순간 트라이앵글을 이루는 선수들 역시 움직여야 한다. 공을 가지고 있는 선수는 여러 트라이앵글을 동시에 가질 수도 있다. 특히 미드필더 선수들은 좌, 우, 앞, 뒤 모두에서 트라이앵글을 가질 수 있다. 트라이앵글의 크기와 각도는 제각각 다를 수 있다. 공이 어느 방향으로 향하든 선수들은 그에 맞춰서 새로운 트라이앵글을 만들기 위해 움직여야 한다.

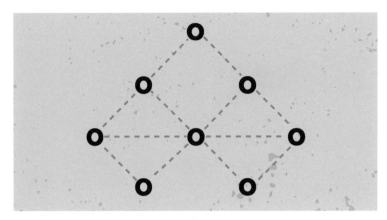

그림 2.8

경기장 곳곳의 트라이앵글 대형은 패스가 원활히 돌아가게끔 만들어 준다. 경기 중에는 공이 계속해서 움직이기 때문에 선수들 역시 트라이앵글 형태를 갖추기 위해 계속 움직여야 한다. 공이 움직이는데 선수가 움직이지 않으면 트라이앵글을 유지하기가 매우 어렵다. 공이 움직이는 모든 순간마다 극단적으로 움직일 필요는 없지만, 공을 받을 수 있는 패스 경로를 만들어 줄 수 있도록 위치 변화를 가져갈 필요가 있다. (그림 2.8)

공이 움직이는 모든 순간마다 위치 조정이 요구되기 때문에 3 대 2 상황(Tactic 11)을 유지하는 훈련을 하자. 이 훈련을 하려면 발재간뿐만 아니라 위치 선정 능력이 좋아야 한다. 자신이 공을 받기 좋은 위치에 있는지 인지한 후 다음 패스를 이어가야 한다. 많은 순간에 원터치 패스가 필요할 것이다. "우리 팀이 공을 계속 소유하려면 어떤 위치에 있는 게 최고의 선택일까?"라는 질문을 계속 되새기며 움직여야 한다. 이러한 3 대 2 훈련은 실제 경기 상황에서 자주 활용될 것이다.

공을 받기 좋은 위치를 잡은 후에 패스를 하는 것이 중요하다. 좋은 플레이를 하기 위해서는 무엇보다 좋은 스킬을 가지고 있는 게 가장 중요하다. 볼 터치 스킬을 향상시켜라. 볼 터치는 경기 중에 끊임없이 나오는 동작이다.

공을 소유 중인 팀 동료 서포트하기

점유

팀 동료가 공을 가지고 있다면 그를 도와주기 위해 좋은 위치에 있어야 한다. 그래야 팀이 공 소유를 잘할 수 있다. 마크를 하고 있는 상대 수비수는 돌파를 허용하길 원하지 않기 때문에 그 목적에 맞는 수비를 할 것이다. 공 소유를 유지하려면 공을 가진 팀 동료에게 스퀘어 패스(옆으로 주는 패스)나 백패스 옵션을 가질 수 있는 위치에 서 있어라. 공을 간수하기 위한 여러 옵션을 가지고 있다는 것은 항상 좋은 일이다. (그림 2.9)

공을 가진 팀 동료로부터 패스를 받기 좋은 위치를 점하려면 공과 90도 각도에 서 있어야 한다. 그리고 5~10미터 정도 떨어져 있는 것이 이상적인 거리다. 만약 너무 가까이 서 있으면 팀 동료를 막고 있는 수비수가 공 쪽으로 더욱 압박을 가할 수 있고, 스퀘어 위치에 서 있던 선수를 막던 수비수 역시 패스를 막을 각도를 유지한 채 공을 가진 선수에게 압

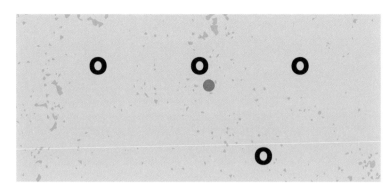

그림 2.9

박을 가할 수 있다. 반대로 너무 멀리 서 있으면 수비수가 패스를 차단하기 쉬워진다.

공을 가진 팀 동료 선수의 뒤쪽에서 지원을 해야 하는 상황이라면 목소리를 내서 자신이 근처에 있다는 것을 동료가 알아차리게 해야 한다. 예를 들자면 짧고 간략하게 "뒤에!"라고만 말하면 된다. 뒤쪽에 있는 선수가 패스를 받을 좋은 위치에 있다는 것을 알리지 않는다면 공을 가지고 있는 팀 동료 선수는 상대 수비수들이 어디에 있는지 모르기 때문에 뒤쪽에 있는 팀 동료 선수를 활용하기 어렵다. 뒤쪽에 있는 선수 역시 5~10미터 떨어진 위치에 있는 것이 좋다. 그보다 가까이 서 있으면 공을 가진 동료 선수를 마크하는 수비수가 뒤쪽에 있는 선수 쪽으로 다가가서 빠르게 압박을 가할 수 있다.

상대 수비수가 협력 수비를 할 수 있는 좋은 위치에 있다면, 빈 공간으로 뛰어들면서 수비수들을 분산시키고, 스퀘어 패스를 받을 수 있는 위치로 달려가면 좋다. 상대 수비수들이 우리 선수들을 계속 쫓아오게 만들면 팀이 경기를 컨트롤하기 쉬워진다. 공을 가진 모든 선수는 팀 동료들이 움직임을 통해 자신을 지원해주길 원하고, 그런 움직임이 나올 때 패스하는 것이 쉬워진다.

 공을 소유하고 있는 팀 동료를 도와줘야 하는 상황이라면 다양한 위치 변화를 통해 상대 수비수를 분산시켜라.

패스 & 무브

점유

공격을 전개해 나갈 때는 패스와 움직임이 중요하다. 이는 효율적인 움직임을 통해 팀이 훨씬 더 발전할 수 있다는 뜻이기도 하다. 패스를 하고 나서 움직이지 않는다면 상대 수비수들이 마크하기 쉽다. 반대로 패스를 한 후 움직임을 가져가면 상대 수비수는 움직임을 막는 데 더욱 집중하게 되고, 패스를 받는 선수를 막으러 이동하기가 쉽지 않아진다.

원투패스 플레이(Tactic 9) 상황처럼 패스 후 반드시 움직임을 가져가야 하는 상황들이 있다. 대부분의 패스들이 원투패스 움직임으로 이어질 수 있고 패스를 내준 후 상대 수비수 뒷공간으로 달려들어 가는 움직임이 팀의 공격을 성공적으로 만들 수도 있다. 수비수 뒷공간으로 움직이는 동작은 항상 빠르게 달려갈 필요는 없지만 반드시 전략적이어야 한다. 이러한 움직임 자체가 순간적으로 상대 수비수로 하여금 공에서 눈을 떼게 만들기 때문에 공이 잘 안 보이는 쪽으로 달려가는 것이 전략적으로 좋은 움직임이다. 또한 빈 공간으로 가는 것이 효율적이다.

공의 소유를 유지하는 데 있어 패스가 중요하긴 하지만, 공간을 만들어서 패스 경로를 만들어 주는 움직임 역시 중요하다. 공을 가진 수비수가 동료 미드필더에게 패스를 하면 수비수를 마크하던 상대 공격수는 공을 막기 위해 뒤돌아설 것이다. 그리고 좋은 공격수는 리턴 패스를 막기 위해 패스 길목으로 달려갈 것이다. 반대로, 그 상황에서 패스를 줬던 수비수는 상대 공격수가 알지 못하게 위치를 바꿔서 패스 길목을 다시 만들어 줘야 한다. 공격수는 상대 수비수와 공을 동시에 볼 수 없다.

패스와 움직임은 상대 수비수들을 움직이게 만든다. 상대 수비수로부터 자유로운 위치로 움직일 수 있다면 팀에 큰 도움이 된다. 수비수들은 경기 중 촘촘하게 간격을 유지한 채 견고하게 자리를 잡길 원한다. 공격하는 팀의 패스와 움직임은 수비수들이 자신의 위치를 벗어나게 만들어 준다.

> 공을 가진 선수가 패스 후 움직이지 않으면 상대 수비수 역시 움직일 필요가 없다. 공을 가진 팀 전체가 움직임이 없으면 수비 팀 역시 움직이지 않는다. 멈춰 있는 상황은 수비 팀에게 유리하다. 그러나 패스와 움직임이 이러한 정적인 상황을 바꿀 수 있다.

측면에서의 공격
: 위협적인 공격하기

스코어링

축구 경기에서 측면이라 하면 경기장의 바깥쪽 가장자리 즉 사이드라인을 의미한다. 대부분 측면 공간은 측면 공격수, 측면 미드필더, 그리고 측면 수비수들이 활용한다. 많은 사람들은 측면 공격이라고 하면 크로스를 떠올릴 것이다. 물론 어느 정도는 맞는 얘기다. 그러나 측면 지역 공격은 단순히 크로스만 만들어 낼 수 있는 것이 아니라 다양한 형태의 공격을 만들어낼 수 있다. (그림 2.10)

먼저 '얼리 크로스(early cross)' 공격이 있다. 골라인에서 18m 또는 그보다 더 먼 지점에서 올리는 크로스를 얼리 크로스라고 한다. 얼리 크로스는 반대쪽 포스트 쪽을 향해 차야 하고, 팀 동료가 공을 받을 수 있는 위치에 있을 때 시도해야 한다(물론 오프사이드에 걸리지 않도록 주의해야 한다). 더욱 효과적인 크로스는 '레이터 크로스(later cross)'다. 레이터 크로스는

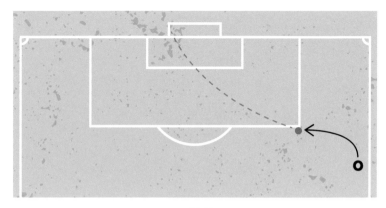

그림 2.10

엔드라인 가까이에서 차는 크로스로 니어 포스트 쪽으로 낮게 깔아서 올리거나 가운데 또는 파 포스트 쪽으로 공을 띄워서 보내는 크로스다.

이제 측면에서 크로스 이외의 다른 공격 방식에 대해 알아보자. 공을 엔드라인까지 몰고 갔을 때 상대 수비수와 1 대 1 상황에 마주하게 되면 드리블로 상대 수비수를 따돌리고 니어 포스트 쪽으로 몰고 나갈 수 있다. 만약 돌파에 성공하지 못하더라도 코너킥을 얻을 수 있다. 공을 몰고 골대 쪽으로 가까이 간다는 것은 상대 골키퍼가 니어 포스트를 보호해야 한다는 것을 의미한다. 골키퍼가 니어 포스트 쪽으로 다가가면 팀 동료들은 반대쪽에 오픈 공간을 갖게 되고, 땅볼 패스가 잘 들어갈 경우 동료는 쉽게 골을 넣을 수 있다.

'컷백' 역시 좋은 옵션이 될 수 있다. 페널티박스 위쪽에서 아래쪽으로 가로질러 패스를 하는 방식이 컷백이다. 보통 패스를 받는 선수는 인사이드 킥으로 반대쪽 골 포스트 방향으로 슛을 하는데, 이 슛은 골키퍼들이 굉장히 막기 어려워하는 슛이다.

측면에서 상대 수비수와 상대할 때는 스피드를 활용하자. 수비수는 절대 골대 방향으로 돌파를 허용 당하길 원하지 않는다. 그렇기 때문에 측면 쪽으로 오픈 스페이스가 생길 것이다.

5 대 2 훈련
: 의미 있는 플레이를 하라

점유

5 대 2 훈련은 패스 스킬과 경기 이해력을 향상시키기 좋은 훈련이다. 많은 코치들은 워밍업을 할 때 5 대 2 훈련을 활용하곤 한다. 좁은 공간에서 5명의 공격수들이 2명의 수비수들을 상대하는 훈련이다. 스킬이 뛰어난 선수들일수록 더 좁은 공간에서 연습을 한다. 5명의 선수들이 공을 돌리는 동안 2명의 수비수들은 공을 뺏거나 정해진 지역 밖으로 공을 쳐내야 한다. 수비를 하는 선수가 공을 뺏거나 밖으로 공을 쳐내면 그 선수의 역할은 공격수로 바뀌고, 공을 뺏긴 공격수는 수비수로 바뀐다. (그림 2.11)

공격수들은 패스를 받을 수 있는 공간을 만들어 주기 위해 계속 움직여야 한다. 공과 동료 선수들이 움직이면 그에 따라 위치를 조정해야 한다. 훈련 난이도를 더 높이려면 플레이 공간을 좁히거나 볼 터치 숫자에

92

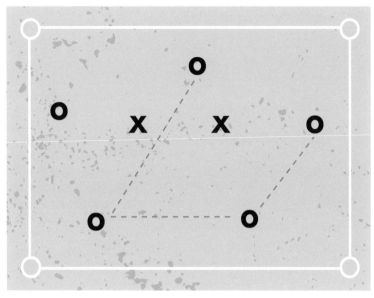

그림 2.11

제한을 주면 된다.

볼 터치 횟수를 2번 이하로 제한하면 위치 선정이 더욱 중요해진다. 빈 공간으로 이동하는 것은 좋은 움직임이다. 하지만, 빈 공간으로 움직이는 것과 패스 길목을 만들어 주는 것은 약간 다른 움직임이다. 공을 뺏기지 않으려면 미리미리 생각하고 플레이해야 한다. 볼 터치 횟수를 1회로 줄이면 훈련은 더욱 어려워진다. 5 대 2 상황을 잘 소화하게 되어 좁은 공간에서 보여줬던 움직임들을 실제 경기장 크기에서도 그대로 보여줄 수 있는 수준이 된다면 이미 더 나은 선수가 되어 있을 것이다(실제 경기장은 작은 공간들 여러 개가 합쳐진 것이라고 생각하라).

5 대 2 훈련에서 드리블과 볼 터치를 많이 하게 만들 수도 있다. 최소

5번의 볼 터치를 한 후 패스를 하도록 제한을 주면 된다. 큰 공간에서 경기를 하면 드리블이 필요한 순간이 있고, 여러 번의 터치 후에 패스를 해야 하는 경우가 생긴다. 패스를 하기 전 드리블을 할 때에는 고개를 들고 하는 것을 명심해라.

> 공을 뺏기지 않으려면 드리블 같은 스킬들을 사용하자. 그리고 공을 받기 좋은 위치를 찾자. 훈련을 통해 어떤 점이 필요한지 알아내고, 그것을 실행하자. 이러한 과정은 여러분을 더 좋은 선수로 만들어 줄 것이다.

"누군가는 목표를 정해놓고 실행에 옮길 수도 있고,
누군가는 목표 없이 의식의 흐름대로 실행에 옮길 수도 있다.
결국 중요한 것은 노력이다."

– 크리스틴 릴리

감아 차는 패스를 활용해
효과적으로 공격하기

점유

패스를 할 때 감아 차는 킥을 통한 패스를 활용하면 팀의 볼 점유를 더욱 효과적으로 이어갈 수 있다. 이러한 패스에 능숙해지면 경기의 질이 향상될 것이다.

감아 차는 패스는 동료가 골대 방향을 바라보면서 공을 받을 수 있기 때문에 효율적인 방법이다. 공을 드리블하는 상황에서 자신과 팀 동료 선수 사이에 수비수가 있다면 인사이드킥으로 공을 감아 차서 상대 수비수를 피해 패스를 할 수 있다. 패스를 받는 선수는 방향을 바꾸면서 받는 것보다 뒤쪽에서 자신의 앞으로 향해 오는 공을 받는 것이 더 받기 편하다. 또한 감아 들어오는 공을 받을 때가 90도 각도에서 일직선으로 오는 패스를 받을 때보다 득점하기 좋은 각도다. 이러한 패스는 득점 가능성을 높여줄 것이다.

95

사이드라인으로 달리는 동료 선수에게 롱패스를 해야 하는 상황에서는 인사이드와 아웃사이드 킥 모두를 이용해서 공을 감아 찰 수 있다. 공은 계속 감겨 나갈 것이고, 동료 선수는 공을 향해 달릴 수 있다. 일직선 패스를 할 때는 패스를 하는 선수와 달리는 선수의 타이밍이 정확히 맞아야 한다. 감아 차는 패스를 잘하면 롱패스를 통해 상대 수비를 무너뜨릴 수 있다.

감아 차는 패스는 상대 수비수가 패스라인을 잘 차단하고 있는 상황에서도 성공적으로 사용할 수 있다. 이 패스를 잘 활용하면 팀이 더욱 효과적으로 공격할 수 있다.

> 발의 모든 부분을 이용해 공을 찰 수 있도록 연습하자. 원하는 위치에 정확하게 감아서 찰 수 있는 능력을 가지고 있으면 정말 위협적인 선수가 될 수 있다.

1 대 1.5 수비 상황 만들기

수비

1 대 1 상황에서 수비수는 신체적으로도, 정신적으로도 힘든 상황에 놓여 있다. 돌파를 당하고 싶지 않을 것이고, 그 모습을 많은 사람들이 보는 것은 더욱 원하지 않을 것이다. 그렇기 때문에 더욱 수비에 성공하고 싶을 것이다. 1 대 1 상황에서 모든 수비수들은 팀 동료의 수비 도움을 받길 원한다. 팀 동료의 도움이 있으면 더 나은 수비수가 될 수 있다. 도움을 받을 수 있는 이상적인 수비 위치는 1 대 1.5 대형이다. (그림 2.12)

1 대 1.5 상황은 돌파를 당해도 팀 동료가 바로 도와줄 수 있을 정도로 가까운 위치에 있을 때 만들어진다. 그림 2.12 상황에서 상대 공격수는 자신의 동료와 스퀘어 패스를 주고받을 수 있는 위치에 있다. 도움을 주는 동료 수비수는 자신의 앞에 있는 선수를 우선적으로 마크해야 하지만, 그 외에 동료 수비수를 돕는 역할도 해야 한다. 동료 수비수가 좋은

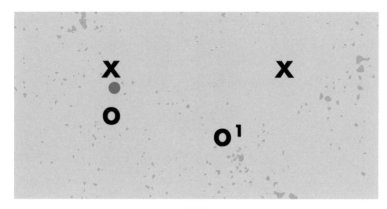

그림 2.12

위치를 선점해서 상대 공격수의 득점이 나오기 힘들게 하고 있다면, 돌파를 허용하는 순간 곧바로 도움을 주러 달려올 수 있을 것이다. 동료 수비수는 말로써 자신이 도와줄 수 있는 위치에 있다는 것을 알려야 한다. 이렇게 도와줄 수 있는 동료 선수가 있다면 1 대 1 상황의 수비수는 동료 선수 반대쪽 방향을 차단하는 수비 자세를 취해야 한다. 예를 들어, 팀 동료 수비수가 오른쪽에 있다면 몸의 방향을 왼쪽으로 돌려서 왼쪽을 차단해야 한다. 1 대 1 상황의 상대 공격수는 이제 동료 수비수 방향으로 몰리게 되고, 1 대 1 상황의 수비수는 좀 더 적극적으로 수비할 수 있다. 이러한 움직임들이 더 좋은 수비를 가능하게 해준다.

사이드라인 근처에서 1 대 1 수비 상황을 맞이했다면, 상대 선수를 사이드라인 쪽으로 몰아가야 한다. 사이드라인이 1.5 수비수 중 0.5의 역할을 하게 된다. 사이드라인은 절대 돌파를 허용하지 않고, 사이드라인 밖으로 공이 나가면 수비 측이 공의 소유권을 얻게 되기 때문이다.

수비를 할 때는 커뮤니케이션이 정말 중요하다. 수비 상황 전체를 볼 수 있는 선수들이 말로 상황을 전달하는 것이 중요하다. 그림 2.12 상황에서는 오른쪽에 있는 수비수가 동료 선수, 상대 공격수들, 그리고 공까지 동시에 볼 수 있는 위치에 있기 때문에 그 역할을 할 수 있다.

공간을 만드는 움직임

점유

컬리지 골프(college golf)는 팀으로 플레이하는 개인 스포츠다. 반대로 축구는 개인들이 플레이하는 팀 스포츠다. 이러한 팀 스포츠는 선수들 간의 연결이 어떻게 이뤄져 있는지에 따라 팀의 성공 여부가 가려진다. 선수들은 팀에 드리블이 필요한 상황에서는 드리블을 해야 하고 슛이 필요한 상황에서는 슛을 해야 한다. 팀에 패스가 필요한 상황에서는? 무엇이 필요한지 여러분도 이미 알 것이다. (그림 2.13)

경기장 안에는 보이지 않는 미묘한 동작들이 있다. 예를 들어 두 명의 팀 동료 선수들 쪽으로 패스가 올 때 앞에 있는 선수가 자신보다 뒤에 있는 동료 선수가 더 좋은 위치에 있다고 판단해서 패스를 받는 척하다가 공을 흘리고 돌아 들어가는 동작도 그중 하나다. 반면에 패스, 슛, 드리블 같은 동작들은 사람들이 쉽게 알아차린다. 사람들에게 잘 보이지 않

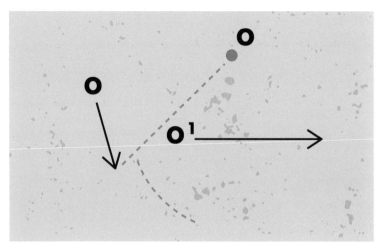

그림 2.13

는 장면들은 이렇게 동료들에게 공간을 만들어 주기 위해 움직이는 동작
들이다.

생산적인 선수가 되려면 경기를 읽을 줄 알아야 하고 팀의 성공을 도
울 수 있어야 한다. 그림 2.13 상황은 팀 동료가 측면에서 수비수를 따돌
리고 달리고 있는 상황이다. 경기장 중앙 부근의 선수는 측면으로 달려
가는 동료에게 패스할 수 있는 상황에 놓여 있다. 그러나 이 상황에서 저
위치에 계속 서 있게 되면, 상대 수비수는 공을 가지고 있는 선수의 공을
뺏으러 가거나 측면으로 뛰고 있는 선수를 막으러 갈 것이다. 이러한 상
황에서는 이타적인 플레이가 필요하다. 패스가 나오기 전에 미리 측면으
로 뛰는 동료 선수가 패스를 받을 수 있도록 누군가가 그 반대 방향으로
달려가야 한다. 그러면 수비수는 아무것도 못하거나 달려가는 선수를 쫓
아갈 것이다. 이러한 작은 움직임 하나로 인해 상대 수비수는 측면으로

뛰는 선수로부터 시야를 잃게 되고, 그래서 측면으로 뛰는 동료 선수에게 오픈 찬스가 생긴다.

오픈 공간을 만들어주는 움직임 하나가 팀을 더욱 강하게 만들어 준다. 그를 위해서는 경기에 대한 이해력이 있어야 하고, 무슨 일이 발생할지 미리 생각할 줄 알아야 한다. 수비수 앞을 가로지르는 단순한 달리기 한 번이 평범한 공격 기회를 위협적인 공격 기회로 바꿔준다.

 실전이 최고의 선생님이다. 실전에서 배우자. 팀에 도움이 되도록 배운 동작들을 경기장 안에서 실행해보자.

수비벽 공략하기

스코어링

다이렉트 프리킥을 통해 곧바로 득점에 성공할 수 있을 정도로 충분히 가까운 위치(페널티박스 바깥쪽)에서 프리킥을 얻는다면 상대팀은 분명 수비 벽을 세울 것이다. 이러한 상황에서 먼저 해야 할 일은 파울 위치에 공을 놓는 것이다. 그리고 벽이 세워지면 골키퍼가 골문에서 벗어나 있는지 확인해야 한다. 만약 골키퍼가 골문에서 벗어나 있다면 빠른 슈팅으로 득점을 노릴 수도 있다. 그 경우가 아니라면 동료 선수의 위치를 확인해야 한다. 동료 선수가 오프사이드를 피해 위협적인 위치에서 패스를 받을 수 있는 상황인지 확인해야 한다. 수비벽 거리를 조정하기 위해 심판과 논의하는 상황을 제외하면, 일단 한 번 파울 휘슬이 울린 후에는 또 휘슬을 기다릴 필요는 없다. 빠른 전개로 인해 득점에 성공하더라도 심판은 득점을 취소하지 못한다. (그림 2.14)

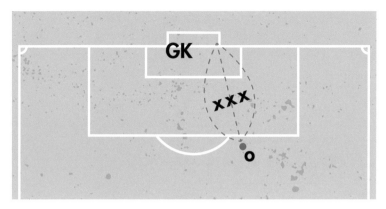

그림 2.14

    다이렉트 슛을 하는 것보다 동료 선수가 살짝 공을 건드린 뒤 슛을 하는 것이 나은 방법일 수도 있다. 이러한 동작은 벽을 피해 슛을 하도록 각도를 만들어 주는 동작이다. 이렇게 공을 살짝 건드리는 동작은 정확해야 하고, 골키퍼가 위치를 조정할 시간을 갖지 못하도록 빠르게 이뤄져야 한다.

    마지막으로 동료 선수가 슛을 하는 척하면서 공을 지나쳐 가는 동작 역시 도움이 될 수 있다. 예를 들어 동료가 공을 지나 벽 바깥쪽으로 달려간다고 생각해 보자. 달려들어 간 동료는 노마크 상태로 패스를 받을 수 있는 좋은 위치에 있게 된다. 이러한 상황이 발생하면 수비벽에 서 있던 상대편 선수들이 달려들어 가는 선수를 막기 위해 벽을 떠날 수도 있다.

프리킥 상황에서 공 주변에 2~3명의 선수가 움직임을 가져가면 골키퍼는 누가 슛을 할지 예측하기 어려워진다. 또한 이 선수들은 벽 바깥쪽으로 달려들어갈 수도 있다. 프리킥 상황에서는 상대를 최대한 혼란스럽게 하는 것이 좋은 방법이다.

효율적인 상대 압박

수비

수비에서 압박보다 중요한 것은 없다. 압박을 잘하면 상대방은 움직임에 제한이 생긴다. 공을 뺏지는 않더라도 최대한 가까이 상대를 압박할 필요가 있다. 스킬이 좋지 않은 선수를 압박할 때는 최대한 가까이 가는 것이 좋지만 스킬이 좋은 선수를 압박할 때는 약간의 간격을 두는 것이 좋다. 빠른 선수를 상대할 때 역시 간격을 조정해야 한다.

압박을 하는 선수는 상대 선수가 전진 패스를 하지 못하도록 해야 한다. 전진 패스를 허용하지 않기 위해서라도 돌파를 허용하지 않는 범위 내에서 최대한 가까이에서 압박하는 것이 좋다. 가까이에서 압박하면 상대 선수는 패스 옵션이 옆이나 뒤밖에 없다. 옆이나 뒤로 하는 패스는 수비를 뚫지 못한다. 압박으로 인해 상대 선수가 옆으로 패스를 했을 때, 수비하는 팀의 동료 선수들은 공을 받는 상대 선수에게 곧바로 압박을 가해야 한다. 압박을 성공적으로 계속 이어가면 상대 팀은 위협적인 상황을 만들지 못할 것이다.

돌파를 허용하지 말자. 공을 뺏기 위해 슬라이딩 태클을 하면 빈 공간이 생긴다. 그러면 당신이 돌파를 허용해서 생긴 빈 공간을 메우기 위해 팀 전체가 위치를 조정해야 한다. 적절한 위치에서 견고하게 수비를 한다면 팀은 더 강해질 것이다.

> 1 대 1 훈련을 통해 돌파를 허용하지 않는 범위 내에서 얼마나 다가서서 압박을 해야 하는지 연습하자. 가벼운 발 움직임과 강한 상체를 가지고 있으면 좋은 1 대 1 수비수가 될 수 있다.

수비 서포트하기

수비

동료 선수(압박 선수)가 공을 가지고 있는 상대를 압박하는 상황에서 다음 압박을 도와주러 가는 수비수(서포터 수비수)는 경기장에서 두 번째로 중요한 수비수다. 이 위치의 선수를 세컨드 수비수라고도 부른다. 한 명 이상의 선수들이 이 위치에 해당할 수 있다. 서포터 수비수는 자신이 마크하는 선수에게 오는 패스 길목을 차단해야 하기 때문에 보통 공을 가지고 있는 상대 선수와 자신이 마크하는 선수 사이에 위치한다. 서포터 수비수의 임무는 압박 수비수를 돕는 것이다. 자신이 마크하는 선수에게 패스가 오는 것을 막을 수 있을 정도의 충분히 가까운 거리에 위치하면서 동시에 압박 수비수가 돌파를 허용했을 때 곧바로 커버를 들어갈 수 있는 위치에 있어야 한다. 압박 수비수가 돌파를 허용하면 서포터 수비수는 자신이 마크하던 선수는 남겨두고 돌파에 성공한 상대 선수에게 압박을 가해야 한다. 단 자신이 마크하던 선수를 벗어나더라도 그 선수에게 패스가 오는 순간 그 공을 막을 수 있을 만큼 위치를 잡고 움직여야 한다.

자신의 수비 위치 선정에 따라 동료 수비수들이 더 좋은 수비수가 될 수 있다. 동료 수비수들을 도와줄 수 있는 위치에 있다면 동료 선수에게 자신이 도와줄 수 있는 위치에 있다는 것을 알려야 한다. 알리는 것은 어렵지 않다. 만약 자신이 동료 선수의 오른쪽에서 도와줄 수 있는 위치에 있다면 "오른쪽에 있어"라고 말하면 되고 왼쪽에 있다면 "왼쪽에 있어"라고 말하면 된다. 압박을 하고 있는 선수가 주변에 동료 수비수들의 도움이 있다는 것을 안다면 동료가 있는 쪽으로 함께 압박을 할 수 있다. 좋은 위치 선정은 동료 선수에게 0.5명의 수비수를 더해 주는 것과 마찬가지다. 이러한 도움이 있으면 압박 선수는 안정감을 느끼게 되고, 더 확실하게 자신이 마크하는 선수에게 압박을 가할 수 있다.

가끔 좌우 양쪽에서 동시에 도움을 받을 때가 있다. 이러한 경우에는 상대 선수가 실수가 나오게끔 압박을 더욱 강하게 가해야 한다. 팀으로서 동료 선수들을 도와줄 수 있는 수비 위치를 잘 선점하면 경기장의 다른 동료 선수들이 1 대 1 수비를 더 잘하게 될 것이다.

 경기장에서 자신의 위치를 알리는 목소리를 내는 것은 팀 전체에 큰 도움이 된다. 때때로 뒤를 보지 못하는 동료 선수들의 눈이 되어야 한다.

수비 커버하기

수비

팀이 수비를 하는 상황에서 공과 멀리 떨어져 있는 수비수의 역할은 커버 수비수가 되는 것이다. 여기서 말하는 커버란 상대 공격수를 커버하는 것이 아니고 자기 편 동료 선수들을 커버하는 것을 의미한다. 물론 자신이 마크하고 있는 상대 선수가 패스를 받을 때 바로 압박을 가할 수 있을 정도의 거리를 유지하면서 말이다.

동시에 여러 명이 커버 수비수 역할을 할 수도 있다. 커버 수비수 역할을 잘하기 위해서는 위험한 위치와 선수들을 항상 보고 있어야 한다. 예를 들어 앞쪽으로 전진하며 뛰어 들어가는 상대 팀 선수가 있고, 뒤에 있는 선수가 한 번에 깊은 공간까지 롱 패스를 하는 상황이 있다고 가정해 보자. 커버 수비수는 상황에 따라 자신이 마크하는 선수에게 패스가 올 경우 마크를 할 수 있으면서도, 그렇지 않은 상황에서는 동료 선수들을

110

바로 도와줄 수 있는 위치에 서 있어야 한다.

자신이 마크하고 있는 상대편 선수가 측면 쪽에서 우리 수비 진영 깊숙이 들어와 있고 공이 그 반대쪽 측면에 있다면, 필요에 따라서는 자신의 마크 선수를 가까이에서 막을 수도 있지만 일반적으로는 가운데 쪽으로 이동하는 것이 좋다. 최종 수비라인보다 깊게 서 있을 필요는 없다. 반대쪽에 있는 공이 가운데 쪽으로 이동해 오면, 그때 자신이 마크하는 선수에게 조금 다가가면 된다.

커버 수비수가 갖춰야 할 가장 중요한 능력은 경기를 읽고 상대편이 위협적인 장면을 만들 가능성이 있는 위치를 예측하는 것이다. 그것을 예측할 수 있다면 공이 움직이는 순간 좋은 위치를 차지할 수 있다. 커버 수비수는 자신이 압박 수비수나 서포트 수비수가 되기 전까지는 계속 동료들에게 도움을 줘야 한다.

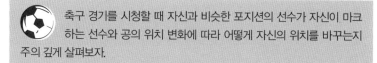
축구 경기를 시청할 때 자신과 비슷한 포지션의 선수가 자신이 마크하는 선수와 공의 위치 변화에 따라 어떻게 자신의 위치를 바꾸는지 주의 깊게 살펴보자.

수비 분산시키기

점유

자신이 공을 가지고 있지 않더라도 공격을 하고 있는 팀의 선수에게 포지셔닝과 움직임은 중요하다. 공을 잘 소유하려면 상대 수비수들을 경기장 엔드라인 끝에서 끝으로, 그리고 좌우 사이드라인 끝에서 끝으로 넓게 벌려야 한다. 상대 수비수가 넓게 있어야 패스를 받을 때 더 넓은 공간과 시간이 생긴다. (그림 2.15)

측면에 위치해 있는 선수는 사이드라인 쪽으로 넓게 벌려야 한다. 자신을 마크하던 상대 선수가 공이 있는 가운데 쪽으로 이동하면, 상대가 공에 집중하는 사이 측면 빈 공간으로 이동하면 좋다. 최전방 공격수는 상대편 수비수를 깊은 곳까지 끌고 가야 하는 책임이 있다. 공격수가 깊숙이 올라가면 상대 수비수는 따라 올라갈 것이다. 가끔씩 수비수 뒤쪽 오프사이드 위치로 달리면서 공간을 만들고 상대 수비수를 뒤쪽으로 끌

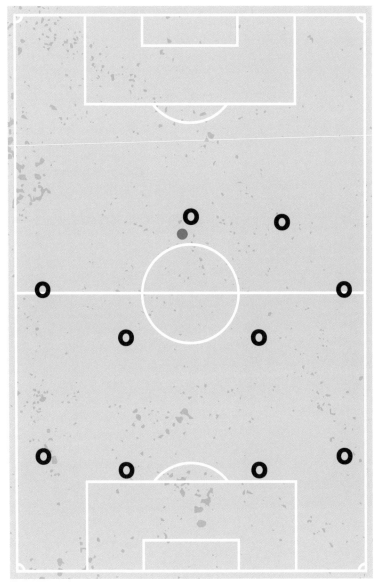

그림 2.15

고 갈 필요도 있다. 물론 패스가 자신에게 올 때는 온사이드 위치에 있어야 한다.

좌우 양 측면 사이와 공격수와 수비수 사이 간격을 넓게 벌리는 궁극적인 목적은 많은 선수들이 모여 있는 중앙 지역의 우리 편 선수들에게 더 많은 공간과 시간을 확보해주면서 공격적인 움직임을 가져가게 해 주는 것이다. 공간을 넓게 벌리면, 공을 점유하기 쉬워지고 침투 패스를 할 각도가 많이 생긴다. 상대 수비수들이 촘촘한 수비를 할 수 없기 때문이다. 결국 공격하는 선수는 더 많은 공간과 공을 확인할 시간이 생기고, 상대 압박 수비수는 서포트 수비수를 가질 시간이 줄어든다. 결론적으로 경기장을 넓게 쓰면 팀이 공격을 더 쉽게 할 수 있다.

 상대 수비수가 서포트나 커버를 할 수 없도록 움직이거나, 좋은 위치에 포지셔닝한다면 팀의 공격을 도울 수 있다.

페널티킥
: 강하고 낮게 차라

스코어링

페널티킥이 선언되면 공격 팀은 득점을 올릴 절호의 기회를 갖게 된다. 하지만 페널티킥에 실패하면 팀의 사기는 꺾이고, 상대 팀에게는 엄청난 동기 부여가 된다. 그만큼 부담스러운 상황이다. 페널티킥은 골라인으로부터 11미터 떨어진 위치에서 한다. 감독은 슈팅 능력이 좋은 선수를 페널티키커로 선정한다. 키커는 공을 차는 순간까지 계속 앞쪽으로 이동해야 한다. 골키퍼는 키커가 공을 차는 순간까지 골라인에서 발을 떼면 안 된다. 좌우로는 움직일 수 있다. (그림 2.16)

골키퍼에 따라 페널티킥을 막는 방법이 다양하다. 한 가지 방법은 공의 위치를 미리 예측해서 키커가 공을 차는 순간 몸을 날리는 것이다. 다른 방법은 키커의 마지막 동작을 보고 킥의 방향을 예측하는 것이다. 키커는 너무 빨리 몸을 틀거나 마지막 동작을 들켜 골키퍼에게 방향을 알려줘

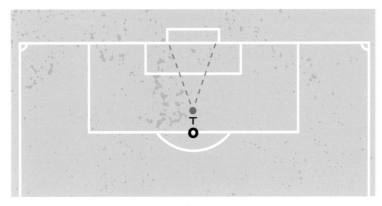

그림 2.16

서는 안 된다.

자신이 주로 쓰는 발로 골대의 코너 또는 사이드 쪽으로 슛을 하는 연습을 하자. 위쪽을 목표로 차는 것은 좋지 않다. 이러한 슛은 공이 골대 밖으로 나가는 실수로 이어지기 쉽다. 골을 넣기 안전한 위치는 골키퍼가 세이브를 하기 위해 다이빙해야 하는 지면에 가까운 곳이다.

어느 방향으로 찰지 정한 뒤 자신 있게 공을 향해 달려가라. 자신 있게 강하게 차는 것이 중요하다.

 페널티킥 상황에서 골 포스트나 크로스바를 맞고 나온 공을 다시 차면 파울이다. 그러나 골키퍼가 쳐낸 공은 다시 차도 된다.

간접 프리킥 수비하기

점유

9.15미터보다 가까운 위치에서 간접 프리킥을 허용했다면, 가능한 한 빨리 골라인 근처로 모여야 한다. 한 명의 선수가 공 앞으로 가서 시간을 벌면 나머지 동료 선수들이 벽을 설 시간을 벌 수 있다. 단 공 앞에 너무 오래 머무르면 심판이 경고를 줄 수도 있으니 조심하자. (그림 2.17)

11명의 선수 모두가 골라인 위에 있어야 한다. 프리킥이 중앙 부근에서 있는 경우에는 골키퍼 양 옆으로 5명씩 두개의 벽을 세워야 한다. 간접 프리킥은 적어도 두 명의 선수의 볼 터치가 필요하며, 일반적으로는 한 선수가 공을 살짝 건드린 뒤에 다른 선수가 슈팅을 한다. 상대 선수가 공을 살짝 건드리는 순간 양쪽 벽에 서 있던 선수들 중 적어도 1~2명은 슛을 막기 위해 앞으로 뛰어 나가며 공쪽으로 다리를 뻗어야 한다. 벽에 서 있던 나머지 선수들은 벽을 유지한 상태로 점프를 하여 골을 넣을 각도를 더

117

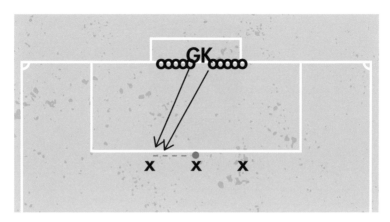

그림 2.17

어렵게 만들어야 한다. 골키퍼는 첫 터치가 된 방향 앞쪽으로 한 발짝 나
가면서 각도를 줄여야 한다.

간접 프리킥에서 대부분의 슛은 수비벽에 맞은 다음 위험한 지역으로
흐른다. 모든 수비수들은 이때 공을 클리어링해야 할 책임이 있다. 또한
골키퍼는 공을 세이브한 뒤 빠르게 역습을 진행해야 한다.

> 🙾 골키퍼는 상대가 첫 터치를 하는 순간 앞으로 돌진하며 각도를 줄일
> 수 있다. 이 방법은 때때로 효과적일 수 있지만, 골키퍼 뒤쪽 골대가
> 비기 때문에 슛이 굴절될 경우 위험할 수 있다. 그럴 때 동료 수비수들이 위험 지
> 역을 커버하는 것을 잊지 말자.

— TACTIC —

28

롱 프리킥

스코어링

롱 프리킥(30 미터 이상)은 어떻게 활용해야 할까? 대부분의 수비 팀들은 골키퍼가 나와서 공을 잡을 수 있게끔 페널티 에어리어 위쪽 16미터 부근에 라인을 형성해 공간을 확보할 것이다. 반면에 롱 프리킥을 차는 대부분의 키커들은 이 라인 뒤쪽으로 공을 차서 상대 수비수들이 뒤돌아 자신의 골대를 바라보게 만들려고 시도할 것이다. 공이 라인 뒤쪽으로 가면 상대 수비수들은 공을 클리어링하기 더욱 어려워진다. 골대 앞쪽 가까이로 차는 것이 좋지만, 너무 가까이 차면 상대 골키퍼가 나와서 잡을 수도 있다. 키커의 동료 선수들은 상대 수비라인 뒤쪽에서부터 달려가면서 오프사이드를 피해야 하고, 머리나 다른 신체부위를 이용해 슛을 시도해야 한다. (그림 2.18)

상대 수비라인 뒤쪽으로 킥을 차지 못한다면 역습을 당할 위험이 있

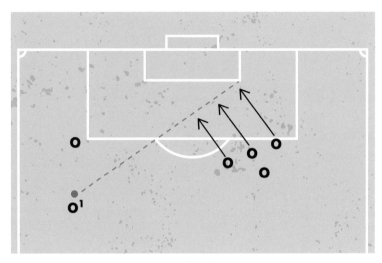

그림 2.18

다. 팀 동료들이 좋은 공이 올 거라고 예상하고 박스 안쪽으로 달려들기 때문이다. 반면 수비수들은 상대팀 선수들이 달려오기 전에 킥이 짧다는 것을 미리 알아차릴 수 있다. 게다가 상대 공격수들은 이미 역습할 준비가 되어 있다. 그만큼 킥의 정확도는 경기에 큰 영향을 끼칠 수 있다.

또한 키커는 파 포스트를 향해 공을 차는 것이 좋다(골키퍼에게 차지 않도록 주의하자). 파 포스트로 공을 차면 팀 동료들에게 그만큼 시간을 더 많이 주게 되고, 골키퍼 역시 골대를 가로질러 움직여야 한다. 슛을 하든 패스를 하든 파 포스트로 차면 그 킥은 더욱 위협적일 것이다.

> 팀 동료 선수들이 어디에 위치해 있는지 확실히 알고 있어야 한다. 이 선수들은 프리 키커의 공을 곧바로 받을 수도 있고, 상대 수비수의 잘못된 클리어링으로 인해 세컨 볼 또는 서드 볼(두 번째 또는 세 번째) 기회를 얻을 수도 있다.

공격 간접 프리킥

스코어링

간접 프리킥은 심판이 간접 프리킥 파울을 선언했을 경우 얻게 된다. 골대에서 9.15미터 이상 떨어져 있고 슛을 하기 좋은 위치에서 간접 프리킥 찬스를 얻었다면, 득점 가능성을 높이기 위해 계획을 잘 세워야 한다. 일반적으로 상대편은 니어 포스트 쪽에 수비벽을 세울 것이고, 골키퍼는 파 포스트 쪽에 서 있을 것이다.

간접 프리킥은 최소 두 명의 선수의 터치가 있어야 한다. 두 번의 터치를 완성하기 위해서는 보통 동료 선수가 왼쪽이나 오른쪽으로 공을 살짝 건드린 후 슛을 한다. 두 명의 동료 선수가 공의 양옆에 서 있는 것이 좋다. 이렇게 서 있으면 상대편 골키퍼는 방향을 예측하기 어렵다. 슛은 벽이 서 있는 니어 포스트 쪽으로 차는 것이 좋다. 만약 동료가 패스를 수비벽이 없는 반대쪽으로 내줬다면, 수비벽 역시 백 포스트 쪽으로 움직일 것이고, 동시에 골키퍼는 니어 포스트 쪽으로 움직일 것이다. 이러한 상황에서 슛을 빠르게 처리하면 골키퍼는 자리 잡을 시간이 부족하고 위험에 노출된다. 동료가 패스를 수비벽 쪽으로 했다면 골키퍼는 움직일 필요가 없다.

대부분의 수비 팀들은 상대가 공을 터치하자마자 공을 향해 달려간다. 보통 벽 끝쪽에 서 있는 선수가 달려간다. 그렇기 때문에 공격 팀은 터치와 슛을 최대한 빠르게 처리해야 한다.

공격 팀 선수 중 한 명은 공을 지나서 수비벽 바깥쪽으로 달려들어 가는 것이 좋다. 이러한 움직임은 수비벽 바깥쪽 끝에 서 있던 선수를 움직이게 만들고, 슛을 하는 동료 선수에게 더 좋은 각도를 만들어 줄 수 있다. 또한 이 상황에서 패스를 하는 척 속이는 동작을 하면 상대 골키퍼를 더욱 현혹시키게 만들 수 있다.

열정은 모든 것이다. 그것은 기타 줄처럼
진동하는 팽팽한 것이어야 한다.

- 펠레

상대에 대해 파악하라

수비

    많은 선수들이 상대 팀에 대한 정보 없이 경기에 나선다. 상대 팀의 순위나 몇몇 통계 기록 정도만 아는 경우가 많다. 팀들은 제각기 다른 방식으로 경기를 풀어 나간다. 공을 점유해서 공격을 전개하는 팀, 롱볼을 이용하는 팀, 측면을 이용하는 팀 등 그 방법은 다양하다. 상대 팀들이 어떤 방식을 택하고, 어떠한 능력을 가지고 있는지 알아야 한다. 팀뿐만 아니라 특정 개개인 선수들의 성향에 대해서도 거의 알지 못한다. 이러한 정보들은 경기 경험을 통해 배울 수 있다.

    한 명의 선수가 경기 중 가져야 하는 임무는 자신이 마크해야 하는 선수와 자신을 마크하는 선수의 성향을 파악하는 것이다. 경기 초반, 자신이 마크해야 하는 선수를 주의 깊게 보고 빠르게 그 선수의 성향을 파악하자. 상대 선수가 압도적으로 빠르거나 공을 굉장히 잘 다루는 선수일

123

수도 있고, 반대로 볼 간수를 잘 못하는 선수일 수도 있다. 한두 번 상대 선수를 만난 후에는 상대의 스피드, 공 간수 능력, 주로 사용하는 발 등에 대한 정보가 파악되어 있어야 한다. 이러한 정보들은 경기 내내 큰 도움이 될 것이다. 단 한두 번의 특정 장면으로 인해 그 선수를 섣불리 판단하지는 마라.

상대 선수의 성향을 파악했다면, 그에 맞는 적절한 판단을 하자. 상대 선수가 스킬이 좋은 선수라면 약간의 간격을 두고 수비를 하고, 스킬이 좋지 않은 선수라면 바짝 압박을 한다. 한쪽 발만 사용할 수 있는 선수라면, 약한 발을 사용하도록 유도하자.

공격 상황에서 상대 마크맨을 만날 경우 역시 상대 수비수의 장단점을 알고 있어야 한다. 1 대 1 마크에 약한 선수라면 자신 있게 돌파를 시도하자. 상대 선수에 대한 정보를 파악하고 최선의 방법을 택하는 것이 좋다.

 경기 종료 후 자신이 마크했거나 자신을 마크했던 특정 선수의 장단점에 대해 말할 수 있어야 한다. 매 경기마다 항상 배워야 한다.

골키퍼 포지셔닝
: 적절한 각도를 확보하라

골키핑

골키퍼는 11명의 선수들 가운데 가장 중요한 선수다. 그들은 다른 선수들과는 다른 스킬을 가지고 있다. 스킬뿐만 아니라 골키퍼는 혼자 다른 색상의 유니폼을 입고 있고, 페널티박스 안에서 손을 쓸 수 있으며, 페널티박스 안에서는 다른 선수와 신체 접촉하면 파울을 얻는다. 무엇보다 골키퍼가 중요한 가장 큰 이유는 골대를 막는 역할을 하기 때문이다. (그림 2.19)

골키퍼는 경기 중 많은 시간 동안 공과 관련 없는 위치에 있지만, 경기 내내 계속 움직여야 한다. 상대 선수가 슛을 할 때 좋은 위치를 잡고 있는 것은 당연하다. 니어 포스트를 보호하면서 슛 각도를 줄이는 것이 중요하다. 상대 선수가 각도가 좁은 위치에서 다가오며 포스트 앞쪽을 막고 서 있는 골키퍼를 향해 슛을 한다면 그 슛은 골키퍼 정면이나 니어 포스트

125

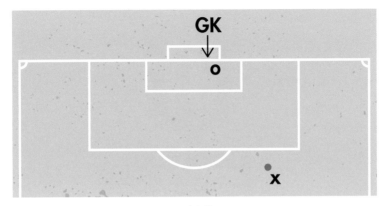

그림 2.19

쪽으로 향할 것이다. 그 상황에서 골키퍼는 골대 안이 아닌 골대 바깥쪽으로 공을 쳐내야 하고, 그렇게 하기 위해서는 니어 포스트와 가까이 서 있어야 한다.

공이 미드필드 지역이나 상대편 골대 쪽에 있는 경우에도 골키퍼의 포지셔닝은 중요하다. 공이 어디에 있고, 어느 팀이 소유하고 있느냐에 따라 골키퍼의 위치가 정해진다. 페널티박스보다 바깥쪽까지 나가서 방어해야 하는 상황들도 많을 것이다. 항상 좋은 위치를 잡고 상대의 찬스를 막을 준비를 하고 있어야 한다. 공을 클리어링하거나 동료 선수에게 패스를 주는 것이 목표다.

또한 골키퍼는 팀이 뒤에서부터 공을 전개해 나갈 때 추가 수비수 역할을 할 필요가 있다. 감독의 성향에 따라서는 중앙 수비수 역할을 할 수도 있는데, 그럴 경우 발재간이 좋아야 한다. 이러한 역할을 할 수 있다면 팀은 한 명의 추가 선수를 갖는 셈이 되고, 더욱 위협적으로 공격을 전개해 나갈 수 있다.

 몇몇 골키퍼들은 슛을 막는 역할이면 충분하다고 생각할지 모른다.
그러나 그것은 잘못된 생각이다. 골키퍼는 공격의 출발점이며, 수비의
지휘자다. 그렇기 때문에 골키퍼들은 공을 잘 다루기 위한 발 스킬 훈련을 할 필
요가 있다.

골키퍼로부터 공격 시작하기
: 데드볼 상황

골키핑

골키퍼는 수비의 최종 라인일 뿐만 아니라 공격의 시작점이기도 하다. 인플레이 상황에서 골키퍼가 공을 들고 있는 상황에서는 최대 6초까지 공을 들고 있을 수 있다. 들고 있던 공을 차는 드롭킥 상황에서 공을 최대한 멀리 보내는 것이 좋다는 생각은 잘못된 편견이다. 공중에 공이 오래 떠 있으면 공을 다시 얻을 확률은 50% 이하다. 상대 수비수들이 공을 바라보면서 공을 따내려 하기 때문이다. 그러므로 빠르게 공을 전달하려면 낮은 궤적으로 차야 하고, 공간이 열려 있는 동료 선수를 향해 차야한다. 그러면 동료가 공을 얻을 확률이 높아질 것이다.

골킥은 반드시 골라인으로부터 5.5미터 거리에 있는 골 박스 안에 공을 내려놓고 차야 한다. 골킥을 잘못 차게 되면 상대 선수가 공을 얻자마자 바로 공격할 수도 있다. 그렇기 때문에 동료 수비 선수들을 넘길 수 있을 정도로 충분히 높게 차야 한다. 드롭킥 상황처럼 가능한 한 빠르게 공간이 열려 있는 팀 동료에게 차면 공을 소유할 확률이 높아진다.

또한 골킥 상황에서 짧은 패스를 통해 전개할 수도 있다. 보통 페널티 박스 양 측면에 자리한 수비수에게 패스를 주면서 시작한다. 만약 짧은 패스를 줬다면 그 후에 리턴 패스를 받을 수 있는 위치로 이동해 공을 받은 동료 선수를 도와야 한다. 골키퍼가 필드 플레이어 역할을 해서 팀의 빌드업을 돕는 것이다. 한편 상대 수비수의 압박이 있다면 짧은 패스로 골킥을 시작하는 것은 좋은 방법이 아니다.

골키퍼로서 공을 잘 다루는 능력이 있다면 좋다. 확실하고 정확한 패스 하나가 팀을 도울 수 있다. 좋은 발 스킬을 가질 수 있도록 훈련하자. 그러면 더 좋은 골키퍼가 될 수 있다.

골키퍼가 공격 시작하기
: 오픈 플레이 상황

골키핑

인플레이 상황에서 팀 동료가 골키퍼에게 패스를 했다면, 골키퍼는 그 공을 잡을 수 없다. 압박이 심한 경우에 패스가 오면 공을 걷어내는 것이 좋다. 압박이 있는 경우, 팀 동료들의 위치를 미리 알고 있어야만 동료가 있는 방향으로 공을 찰 수 있다. 만약 압박이 없다면, 팀 동료에게 패스를 해서 볼 점유를 이어가면 된다. 또한 골키퍼는 팀이 왼쪽에서 오른쪽 또는 오른쪽에서 왼쪽으로 방향을 전환할 때 중간다리 역할을 할 수 있다.

공을 들고 있는 상황에서 볼 점유를 이어가고 싶다면, 공을 굴리는 방법이 있다. 특히 동료에게 짧은 패스를 할 때 공을 굴려주는 것은 효과적인 방법이다. 공을 굴릴 때에는 공이 바닥에 깔려서 가게 보내야 동료가 공을 쉽게 컨트롤할 수 있다. 동료에게 정확히 굴려야 하는 상황도 있고, 동료가 움직이는 방향으로 굴려야 하는 상황도 있다. 상대 수비수가 많지

130

않은 쪽으로 굴려줄 때는 동료 선수가 움직이는 방향으로 주면 좋다. 패스를 잘 이어가는 것은 필수적이다. 좋지 않은 패스로 인해 실점을 하면 위험한 상황이 나올 수 있다.

공을 차기에는 가깝고 굴려주기에는 먼 위치에 공을 보내야 하는 상황에서는 공을 던지는 방법도 있다. 물론 야구에서처럼 공을 던지면 안 된다는 것은 누구나 예상할 수 있을 것이다. 공을 들고 팔을 쭉 뻗은 상태로 머리를 넘겨 공을 던져라. 동료의 발로 공이 향하도록 시도하라.

어떠한 상황에서든 공을 어디로 보내야 할지 빠르게 결정하는 것이 중요하다. 시간을 오래 끌수록 그만큼 상대 팀은 뒤로 물러날 시간이 생기고, 수비를 재정비할 시간도 생긴다. 그러면 원하는 곳으로 공을 보내기가 더욱 어려워질 것이다.

 공을 동료에게 잘 전달하는 것은 골키퍼에게 중요한 부분이다. 공을 굴리고 또 던져서 팀 동료에게 정확하게 전달하는 연습을 해라.

골키퍼의 크로스 방어
: 원칙을 지켜라

골키핑

인플레이 상황이나 코너킥 상황에서 크로스는 위협적인 상황을 만들 수 있다. 크로스가 올라올 때 골키퍼에게 가장 중요한 것은 위치 선정과 타이밍이다. 코너킥 상황에서 수비수들은 대인 방어나 지역 방어를 사용하고 또는 이 두 가지 방어법을 동시에 사용할 수 있다. 골키퍼는 동료 수비수들에게 누가 가장 위협적인 선수인지를 알리고 각각의 선수에게 자신이 마크해야 할 선수를 정해줘야 한다. 이는 보통 신장에 따라 정해진다. 코너킥 상황에서 골키퍼는 골라인 근처에서 니어 포스트보다는 파 포스트 쪽에 서 있어야 한다. 앞으로 달려가는 것이 뒷걸음치는 것보다는 더 쉽기 때문이다. 공이 공중에서 날아오고 있는 동안 골키퍼는 공의 높이를 측정해서 공을 잡을지 말지 결정해야 한다. 만약 공을 잡기로 결정했다면 빠르게 달려 나가서 잡아야 한다. 손을 사용할 수 있기 때문에 다

른 선수들보다 이점이 있다는 것을 명심해라.

그런데 도대체 언제 공을 잡기 위해 나가야 하는가? 정답은 간단하다. '잡을 수 있는 순간'이다. 골키퍼는 확실한 순간에만 나가야 한다. 공을 향해 나갔지만 공을 잡지 못한다면 큰 위험에 노출될 수 있다. 인내심이 필요하다. 어떤 상황에서도 원칙을 지켜야 한다. 너무 미리 나가면 많은 변화가 생길 수 있고, 아무도 없는 곳에 혼자 서 있게 될 수도 있다. 어떤 골키퍼도 이런 상황이 생기길 원하진 않을 것이다.

인플레이 상황에서의 크로스는 대부분 크로스를 하는 위치가 엔드라인까지 가지 않는다는 점과 세트피스가 아니라는 점만 코너킥과 다를 뿐 그 외에는 큰 차이가 없다. 인플레이 상황에서 크로스가 올라오면, 동료 선수들에게 마크해야 할 선수를 알려줘야 한다. 그리고 공이 어디서 날아오든 선수들의 위치와 그 방향에 따라 위치 선정을 해야 한다. 그 외에는 앞서 언급한 코너킥 상황처럼 플레이하면 된다.

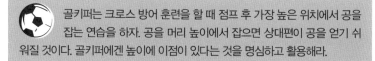

골키퍼는 크로스 방어 훈련을 할 때 점프 후 가장 높은 위치에서 공을 잡는 연습을 하자. 공을 머리 높이에서 잡으면 상대편이 공을 얻기 쉬워질 것이다. 골키퍼에겐 높이에 이점이 있다는 것을 명심하고 활용해라.

논스톱 슈팅

스코어링

나이가 들수록 또는 경험이 많아질수록 선수들의 스피드와 스킬은 향상되고 게임 스피드가 빨라진다. 공격수들은 빨라지고, 수비수들의 수비 능력이 더 좋아진다. 페널티박스 안에 들어서면 모든 곳에 수비수들이 있고, 시간과 공간은 더욱 줄어들기 때문에 두 번 이상 볼 터치를 하기가 쉽지 않다. 이미 수비수들은 가까이 다가오고 골키퍼는 좋은 위치를 잡고 있을 것이다. 그러니 득점을 하는 것이 쉽지 않다.

이러한 상황에서는 논스톱 슛을 하는 것이 좋은 방법이다. 빠르게 논스톱 슈팅을 하면 수비수들에게 걸리지 않게 수비수들 사이로, 골키퍼가 위치를 잡기 전에 공을 보낼 수 있다.

공을 잘 차려면 공이 오는 순간 공과 옆으로 서야 한다. 공이 오는 방향에 맞춰 몸의 위치를 계속 바꾸는 연습을 하자. 그리고 공의 어느 부분

134

을 차야 하는지 계속 생각하자. 공을 받기 전에 미리 정신적으로 준비가 되어 있어야 한다. 공이 언제든지 올 수 있다고 생각하고 있어야 하고, 언제든지 찰 준비가 되어 있어야 한다. 이러한 준비를 하고 있으면 공이 언제 오더라도 자신 있게 찰 수 있고 한 번에 득점까지 이어질 수 있다. 슛을 한 공은 득점에 성공할 수도 있지만 수비수에게 갈 수도 있고, 동료 선수에게 갈 수도 있다. 또한 자기 자신에게 다시 돌아올 수도 있다. 그렇기 때문에 좋은 포지셔닝과 준비 자세가 중요하다.

 득점과 이어지려면 공에 발을 정확히 맞추는 것이 중요하다. 머신건 훈련을 통해 논스톱으로 공을 차는 연습을 하자. 연속해서 공을 차는 것이 핵심이다.

축구를 더 화려하게 만드는 스킬
: 넛맥(Nutmeg)

공격

대부분의 경우, 드리블의 목적은 상대 수비수를 돌파하는 것이다. 수비수를 돌파하는 방법들 가운데 가장 현란한 동작 중 하나는 상대 수비수 다리 사이로 공을 보내서 돌파하는 '넛맥(알까기)' 스킬이다. (그림 2.20)

이 스킬을 성공시키려면 상대 수비수가 공을 뺏기 위해 다리를 벌리게끔 유도해야 한다(공에서 두 발이 같은 거리에 위치해야 한다). 상대 수비수가 이러한 동작을 취할 때 다리 사이로 빠르게 공을 보내고 무방비 상태가 된 상대를 빠르게 지나가면 된다. 그러면 넛맥 스킬이 완성된다. 이 스킬을 사용하면 주변에서 "우와!"라고 소리치는 것을 듣게 될 것이다. 이 스킬을 사용할 수 있는지 유무는 그 선수의 드리블 능력을 보여주는 척도와도 같다. 일단 이 스킬에 성공하고 나면, 공격수는 돌파를 당한 수비수가 다시 돌아올 때까지 많은 시간을 벌 수 있다. 또 수비수는 다음 수비 상황에서부터 다시 한번 굴욕을 당하고 싶지 않아서 더 많은 간격을 두고 수비를 할 것이다.

그림 2.20

좁은 공간에서 공을 컨트롤하는 연습을 하자. 소유권을 잃기 쉬운 1 대 2 상황에서 연습을 하면 좋다. 빠르게 드리블 위치를 잡을수록 수비수를 제칠 방법이 많이 생긴다.

드리블의 목적은 상대 수비수를 돌파하는 것과 볼 점유를 유지하면서 앞으로 나아가는 것이다. 화려한 드리블을 하면 공을 잃을 확률이 높다. 그러나 적절한 기회가 왔을 때는 넛맥 같은 다양한 종류의 드리블을 할 수 있어야 한다.

공 흘리기

점유

축구에서 말하는 '더미(dummy)' 스킬은 공을 터치하지 않고 그냥 흘리는 동작이다. 코너킥 상황에서 니어 포스트에 있는 선수가 더 좋은 위치에 있는 동료 선수에게 공을 흘려주는 장면을 봤을 것이다. 이 동작은 팀 동료들에게 더 좋은 기회를 주기 위해 하는 동작으로 패스의 방향이 좋을 때만 사용해야 한다. 다른 팀 동료가 있는 방향으로 공이 오고 있고, 자신이 터치하지 않으면 팀 동료가 수비수가 없는 상황에서 패스를 받을 수 있다면, 공을 흘려서 더미 스킬을 하자. 이 스킬은 대개 조밀한 공간에서 이뤄진다. (그림 2.21)

더미 스킬의 성공 여부는 자신을 마크하는 상대 수비수를 속일 수 있는가에 따라 결정된다. 공이 올 때 자신이 공을 잡을 것처럼 움직이고, 실제로는 공을 건드려서는 안 된다. 이 동작은 상대 수비수가 공이 오는 방

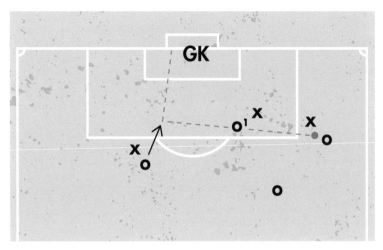

그림 2.21

향에 없을 때 사용해야 한다. 수비수가 자신도 모르게 공을 건드려 공격을 차단할 수도 있기 때문이다.

선수들은 보통 상대의 움직임을 예상하고 움직이기 때문에 공을 받는 척하면 상대 수비수들을 속일 수도 있지만, 공격하는 동료 선수들 역시 멈출 수 있다. 이 스킬은 스로인을 얻어내기 위해 스텝오버 동작을 하며 공을 막는 동작으로도 종종 사용된다.

 연습을 할 때나 경기를 할 때 모두 항상 신중히 생각하면서 플레이하자. 축구에는 언제나 배울 것이 있다. 연습과 경기로부터 배워라.

헤더 슈팅

스코어링

헤더 숏으로 골을 넣는 것은 축구 경기에서 가장 흥분되는 플레이들 중 하나다. 헤더 숏은 그 자체로 굉장히 어려운 스킬이다. 페널티박스 안에서 노마크 상태로 헤더 찬스를 갖는 것은 매우 드문 일이다. 헤더 숏으로 골을 넣을 수 있는 몇 가지 방법이 있다.

먼저 헤더 숏을 넣기 위해서는 골키퍼에게서 약간 떨어져 있어야 한다. 헤더 숏을 한 공이 높은 곳으로 가면 골키퍼가 막기 쉽다. 반대로 공을 아래쪽으로 보내면 골키퍼는 다이빙을 해야 하기 때문에 막기 어려워진다. 공을 응시한 채로 이마를 위에서 아래로 움직이면서 숏을 하면 공을 아래쪽으로 보낼 수 있다. 공의 가운데보다 윗 부분을 맞추면 공이 아래로 향한다.

대부분의 공이 날아오는 순간에는 주변에 수비수가 마크를 하고 있을

140

것이다. 마크를 벗어나려면 공 옆쪽으로 이동한 뒤 수비수보다 먼저 점프를 해야 한다. 점프를 하는 순간 팔을 벌리면 균형을 잘 잡을 수 있다. 좋은 헤더 스킬을 가지고 있으면 득점 능력이 향상될 것이다.

니어 포스트 근처에 서 있는 경우에는 공의 방향을 아주 살짝만 바꿔줘서 득점을 노려라. 이러한 헤더 슛은 골키퍼가 갑작스런 반응을 보여야 하기 때문에 득점으로 이어질 확률이 높다.

파 포스트에서 공을 받게 되는 경우도 같은 스킬을 사용하면 된다. 골키퍼가 니어 포스트 쪽에 머물러 있다면 파 포스트로 슛을 하면 되고, 골키퍼가 슈팅을 쳐낼 경우 팀 동료가 리바운드를 통해 득점을 마무리할 수 있다.

 공이 오는 타이밍을 정확히 맞춰 달려들어 가면 상대 수비수는 막기 어렵다. 달려들어 가는 타이밍이 정확하면 무방비 상태에서 헤더 슛을 할 수 있을 것이다.

헤딩 클리어

수비

수비수는 경기 중 상대편의 롱볼을 상대해야 할 때가 많다. 때에 따라서는 그 공을 안전한 곳으로 클리어링해야 한다. 공을 클리어링한다는 것은 공을 높게 멀리 보내는 것을 의미하는데, 그 방향이 동료 선수가 있는 방향이면 좋다. 헤더를 하려면 공을 바라보며 다가가야 하는데 대부분 하늘 방향을 바라보게 된다. 자신이 원하는 방향으로 공을 잘 보내려면 그에 맞는 적절한 헤더 스킬을 사용해야 한다. (그림 2.22)

상대가 측면에서 크로스를 해오는 상황에서도 공을 높고 멀리 클리어링해야 한다. 클리어링을 한 공이 경기장 가운데 지역으로 가면 안 된다. 공이 중앙 부분으로 가면 상대편이 공을 얻을 확률이 높고, 실점할 확률 역시 높아진다. 그러면 어느 방향으로 클리어링해야 할까? 니어 포스트 쪽에서 공을 클리어링하는 상황이면 공이 왔던 방향으로 다시 보내야 하

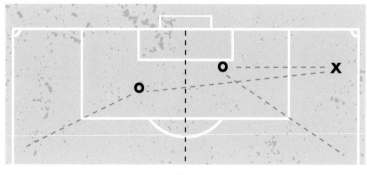

그림 2.22

고, 파 포스트 쪽에서 공을 클리어링하는 상황이면 공이 흐르는 방향으로 그대로 공을 쳐내야 한다. 공을 제대로 맞추지 못하더라도 방향만 제대로 보내면 위험으로부터 벗어날 수 있다. 그러나 방향이 잘못되면 큰 위험이 닥칠 것이다.

측면이 아닌 중앙 지역으로 공이 날아오면, 헤더를 뒤로 보내서 골키퍼에게 패스를 해줄 수도 있다. 공을 살짝만 건드리면 공의 속도를 유지할 수 있다. 압박을 해오는 상대 선수는 보통 수비수가 공을 앞쪽으로 클리어링할 것이라 예측하고 거리를 좁혀올 것이다.

 수비수가 좋은 헤더 능력을 가져야 하는 것은 당연하다. 헤더 연습을 해라. 바람이 약간 빠진 공을 이용하면 부상 위험 없이 연습할 수 있을 것이다.

헤딩 패스
: 볼 지키기

점유

헤더로 클리어링을 할 때에는 보통 공을 높고 멀리 보낸다. 위험으로부터 벗어나기 위해서다. 헤더 슛을 할 때에는 아무도 없는 곳으로 보낸다. 그러나 헤더로 패스를 할 때에는 발로 패스를 할 때처럼 패스를 받는 선수를 고려해서 패스를 보내야 한다.

헤더로 패스를 하는 대부분의 경우, 공의 방향만큼 중요한 것이 속도다. 공을 느리게 보내려면 목을 이용해 공을 부드럽게 쳐야 한다. 동료 선수가 공을 쉽게 받게 하려면 동료 선수의 발쪽을 목표로 헤더를 해야 한다. 실전 중에는 동료 선수들뿐만 아니라 골키퍼에게도 헤더를 이용해 패스를 하는 경우가 많이 생긴다.

패스의 속도와 방향을 정확하게 컨트롤할 수 있는 좋은 감각을 익힐 때까지 연습하자. 헤더를 이용한 원터치 패스는 발을 이용한 원터치 패

144

스보다 훨씬 어렵다. 헤더 능력을 갖추게 되면 보다 완성된 선수가 될 수 있다.

 기억하라. 골키퍼는 동료 선수가 발로 패스를 하면 손으로 공을 잡을 수 없지만, 헤더를 이용해 패스를 하면 손으로 공을 잡을 수 있다.

"자신의 꿈에 다가가기 위해 싸워야 한다.
그러려면 희생해야 하고 열심히 해야 한다."

- 리오넬 메시

득점 확률 높이기

스코어링

선수로서 성장하려면 상대 선수의 능력이 중요하다. 좋은 수비 능력을 갖춘 수비수를 상대하거나, 많은 슛을 막아낼 수 있는 골키퍼를 상대하면 성장할 수 있다. 그렇다면 혼자서 득점 능력을 키울 수 있는 방법이 있을까?

득점 능력을 높이려면 우선 논스톱으로 좋은 슛을 할 준비가 되어 있어야 한다. 많은 선수들이 논스톱으로 슛을 하는 걸 두려워한다. 논스톱으로 빠르게 감아 차는 슛을 하면 득점할 확률이 굉장히 높다. 첫 터치로 공을 컨트롤하고 두 번째 터치로 슛을 하면 안정적인 자세로 슛을 할 수 있지만, 그만큼 상대 수비수에게 좋은 위치를 선점할 시간을 주게 된다. 두 번의 터치를 통해 안정적인 자세로 슛을 하는 것보다 불안정하더라도 논스톱으로 한 번에 슛을 하는 것이 득점할 확률이 높다.

골키퍼들은 니어 포스트를 우선적으로 막아야 한다고 배운다. 거리가 가깝고 그래서 상대의 슈팅이 그쪽으로 오는 경우가 더 많기 때문이다. 골키퍼가 니어 포스트에 좋은 위치를 선점하고 있다면 파 포스트 쪽으로 슛을 해야 한다. 물론 연습이 필요하다. 파 포스트 방향으로 논스톱 슛을 할 수 있다면 매우 효과적일 것이다.

공을 잡은 곳에서 바로 슛을 할 수 있다면 좋다. 페널티박스 안에서는 누구나 다 슛을 할 수 있다. 그러나 실제 축구 경기에서는 페널티박스에서 공을 갖는 경우가 자주 발생하지 않는다. 어디서 공을 주로 가지고 있는지를 파악하고, 그 위치에서 슛을 할 수 있도록 연습하자. 내가 대학교에서 코치 생활을 할 때 지도했던 선수들 중 한 명이 이런 연습을 많이 했다. 팀 훈련 후에도 따로 남아 연습을 했다. 그는 타고난 선수는 아니었지만, 결국 리그 통산 득점 2위로 커리어를 마무리했다.

> 슛은 스킬이고, 골은 슛이 필요한 전술이라는 점을 기억하라. 별로 멋지지 않은 골이나 골문 앞 가까운 위치에서 나온 골도 20m 거리에서 나온 바이시클킥 골과 같은 가치를 지니고 있다. 어떻게 해야 득점을 할 수 있는지 알면 팀에 큰 영향을 끼칠 수 있을 것이다.

간접 프리킥에서 득점하기

스코어링

골대 앞 9.15미터 안에서 간접 프리킥에 해당하는 파울이 선언되면, 간접 프리킥을 찰 기회가 주어진다. 간접 프리킥은 규정상 5.5미터보다 가까운 지역에서는 찰 수 없다. 골 박스 안에서 파울을 얻더라도 5.5미터보다 라인 위로 자리를 옮겨 프리킥을 차야 한다. 규정상 수비벽은 9.15미터 이상 떨어져 있어야 하지만, 골문으로부터 그보다 가까운 위치에서 프리킥 상황이 생길 경우 골라인 바로 위에서 벽을 설 수 있다. 보통 이런 경우에는 11명의 선수가 모두 골라인 위에 서 있다.

이러한 수비벽을 뚫으려면 작전이 필요하다. 5.5~9.15미터 사이에서 간접 프리킥을 얻으면 더 먼 위치에서 프리킥을 얻었을 때보다 골을 넣을 확률이 높아야 하지만, 적절한 작전이 없다면 득점 기회를 놓치기 쉽다.

간접 프리킥에서는 골을 넣기 전에 최소 두 번의 터치가 필요하다. 첫 터치를 하는 선수는 골대를 등진 상태로 있고, 자신의 주변에 패스를 받을 수 있는 2~4명의 동료 선수들이 있어야 한다. 첫 터치를 하는 선수는 슛을 하는 선수에게 패스를 뒤로 하면서 상대편 수비수들이 돌진하는 동안 더 많은 시간을 갖도록 해야 한다. 슛을 하는 선수는 높은 각도로 빠르게 공을 처리해야 한다. 공의 높이는 상대 수비수들의 머리 높이와 크로스바 사이면 좋다. 그리고 골키퍼가 없는 방향을 목표로 차야 한다. 첫 터치를 하는 선수는 패스를 한 후 곧바로 돌아서서 리바운드 준비를 해야 한다. 다른 동료 선수들도 마찬가지다.

가까운 거리의 간접 프리킥에서 가장 중요한 요소는 신속성과 슛의 정확성이다.

첫 터치를 하는 선수는 속임 동작을 통해 수비벽을 움직이게 만들어라. 수비수들이 뒤돌아가는 동안 벽에 틈이 생길 것이다. 물론 팀 동료들도 속지 않도록 같은 팀 선수들끼리는 모두가 작전을 알고 있어야 한다.

"골키퍼에게 숨을 곳은 없다."

– 브래드 프리델

1 대 2 상황 돌파하기

점유

경기 중 공을 잘 다루고 싶고, 여러 명의 수비수들을 한 번에 돌파하고 싶다면 연습만이 답이다. 친구들과 함께 비슷한 상황을 만들어서 연습을 하자.

7미터 × 7미터 혹은 9미터 × 9미터의 좁은 공간 안에서 공격수가 두 명의 수비수와 상대하는 경우(1 대 2 상황) 공격수가 해야 할 일은 공을 지키는 것이다. 상대의 접근을 막고 공간을 만들면서 공을 보호해야 한다. 두 명의 수비수를 떼어놓으면 순간적으로 약간의 시간을 벌 수 있다. 이 동작을 계속해서 반복해야 한다. 수적으로 열세인 공격수는 시간을 벌기 위해 제한된 모든 공간을 사용할 필요가 있다.

공을 뺏길 때까지 최대한 오래 공을 지켜라. 공을 뺏기면 뺏긴 선수는 수비수가 되어 다른 동료들과 함께 다시 공을 되찾기 위해 도전해야 한다. 그리고 수비수에 의해 공이 공간을 벗어나면 공격수는 공 소유를 다시 유지한다.

이 훈련은 공을 지키는 스킬을 키워줄 뿐만 아니라 상대를 돌파하는 스킬도 키워준다. 이 훈련을 통해 좁은 공간에서 드리블 능력을 숙련할 수 있을 것이고, 영리하고 역동적인 움직임으로 상대 수비수들을 벗어나는 연습을 할 수 있다.

이렇게 좁은 공간에서 하는 1 대 2 훈련은 엄청난 체력이 소모되기 때문에 60~90초 정도의 짧은 시간 동안 진행할 필요가 있다. 이런 무산소 훈련은 실제 경기에서 큰 도움이 될 것이다. 이 훈련을 여러 세트 진행하면 스킬이 향상되고, 수비수들을 어떻게 떨어뜨려야 하는지 익히게 될 것이다.

> 1 대 1 상황은 돌파하기 완벽한 상황이다. 그러나 1 대 2 상황에서의 돌파는 1 대 1 상황보다 두 배 이상 어렵다. 훈련을 통해 무슨 수를 써서라도 공을 지키는 능력을 갖게 된다면 더욱 훌륭한 선수가 될 것이다.

TACTIC

44

태클할 것인가, 지연시킬 것인가

수비

태클을 해야 하나 상대 공격을 지연시켜야 하나? 공을 막 받은 공격수의 근처에 있다면 하게 될 질문이다. 이에 대한 최고의 답은 경기 상황 속에서 찾을 수 있다. 공격 팀이 수비 팀 측면 수비수 쪽으로 침투 패스를 통해 측면 수비수를 뚫은 상황이라고 가정해 보자. 대부분의 수비 팀 선수들은 이 상황을 지연시키려 할 것이다. 약간의 공간을 주고 돌파를 당하지 않으려 할 것이라는 뜻이다.

상대의 돌파를 지연시키면서 동료 선수들이 커버를 하러 올 때까지 시간을 벌어야 한다. 수적 우위를 가질 때까지 말이다. 동료들 역시 상황을 지연시키라고 지시해야 한다. 빠르게 뚫리면 굉장히 위험한 상황이 될 수 있다. 내가 코칭을 했던 팀의 모든 선수들은 사이드라인 쪽에서 내가 "태클하지 마!"라고 소리치는 것을 들었을 것이다. 수비수는 상대에게 뚫리

152

지 않도록 할 수 있는 모든 것을 해야 한다.

수비를 도와주는 동료 선수들이 많을수록 또는 터치라인에 가까울수록 공을 뺏을 확률은 높아진다. 태클을 하기 전에 자신이 낮은 자세를 취한 상태로 공을 뺏을 준비가 됐는지 확인하자. 마크하는 선수가 태클을 잘 허용하는 선수인지도 알아야 한다. 리오넬 메시나 크리스티아누 호날두에게 발을 뻗는 수비수는 많이 보지 못했을 것이다. 이 두 선수는 세계 최고의 수비수조차 제칠 수 있기 때문이다. 이런 선수들에게 슬라이딩 태클이 나오는 경우는 파이널 서드(공격 1/3 지역) 깊은 지역에서 태클 외에는 다른 옵션이 없는 경우뿐이다.

경기의 상황을 잘 알고 있어야 한다. 자신이 막는 상대 선수의 장점을 파악하는 것도 중요하고, 팀 동료 선수들이 경기장 어디쯤 있는지 아는 것 역시 중요하다. 경기 상황에 대한 이해와 공간 인식 능력이 태클을 해야 하는지 지연 플레이를 해야 하는지 깨닫게 해줄 것이다.

> 상대 선수를 지연시킬 때에는 상대 팀 다른 동료 선수들의 위치를 알고 있어야 한다. 위치를 파악하고 나면 상대가 침투 패스를 하기 힘든 각도를 만들며 가까이 붙을 수 있다. 이러한 움직임이 위험한 상황을 덜 위험하게 만들어 줄 것이다.

"인생은 훈련이다."

- 팀 하워드

멘탈 훈련
MENTAL
EXERCISES

PART 3

상대 선수보다 뒤처지더라도 최선을 다해 뛰었다면 부끄러운 일이 아니다. 그러나 정신적인 문제가 있다면, 그것은 문제가 맞다. 지금까지 스킬과 전술에 대해 다뤘다. 이제는 경기를 할 때 정신적인 준비에 대해 살펴보자.

포지션 넘버링

포메이션

현대 축구에서 많은 감독들이 포지션 이름 대신, 그 포지션을 지칭하는 번호를 사용하곤 한다. 이 넘버링 시스템에서는 골키퍼가 1번이다. 대부분의 골키퍼들은 포지션에 따라 등번호가 정해졌던 전통대로 등번호 1번을 사용한다. 당시에는 매 경기마다 선수들이 자신의 포지션을 상징하는 등번호가 적힌 유니폼을 입고 뛰었다. (그림 3.1)

위 그림은 팀이 4-3-3 포메이션으로 나선다고 가정할 때(4명의 수비수, 3명의 미드필더, 3명의 공격수)의 대형이다. 4-3-3 포메이션은 때로는 골키퍼를 포함해서 1-4-3-3으로 불리기도 한다. 측면 수비수들은 각각 2번과 3번을 사용한다. 센터백은 4, 5번이다. 오늘날의 축구에서 측면 수비수들은 수비적인 역할만큼이나 공격적인 역할을 해야 한다. 중앙 수비수들 역시 전방으로 올라가는 경우가 있다. 그러나 여전히 중앙 수비수들의 주요 역할은

그림 3.1

수비이며 이들이 패스를 통해 팀 공격의 시발점 역할을 하기도 한다.

6번은 수비형 미드필더(혹은 홀딩 미드필더)의 번호다. 앞서 언급한 두 가지 명칭이 정확히 이 포지션의 역할을 설명해준다. 이 포지션에서 뛰는 선수들은 수비적인 책임을 갖고 경기에 나서며 팀의 다른 미드필더들보다 후방에 처져서 수비벽을 보호하고 간격을 조정하는 역할을 한다. 8번은 '박스투박스' 미드필더를 의미한다. 이 포지션 선수들은 공격과 수비에 있어 거의 동일한 수준의 역할을 수행한다. 우리 쪽 페널티박스로부터 상대 팀 페널티박스까지 모두 소화하며 뛸 수 있어야 한다. 10번은 공격형 중앙 미드필더를 의미한다. 포지션명이 보여주듯, 이 선수들은 상대 진영에서 기회를 만드는 역할을 한다. 대부분의 축구팀에서 10번 유니폼은 가장 많은 선수들이 원하는 번호다. 축구 역사적으로도 가장 위대하고 창의적인 선수들이 10번 유니폼을 입고 뛰었다. 두 명만 예를 들자면, 펠레와 메시가 있다.

4-3-3 포메이션에서 양측의 두 윙어는 각각 7번과 11번에 해당한다. 윙어의 역할은 상대 측면을 공략해서 기회를 만들어내는 것이다. 마지막으로 9번은 중앙 공격수의 번호다. 이 포지션에서 뛰는 선수들의 역할은 골을 기록하고 동료 선수들이 침투할 때 공을 간수하며 또 상대 수비진에 위협을 주는 것이다.

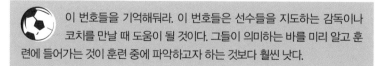

이 번호들을 기억해둬라. 이 번호들은 선수들을 지도하는 감독이나 코치를 만날 때 도움이 될 것이다. 그들이 의미하는 바를 미리 알고 훈련에 들어가는 것이 훈련 중에 파악하고자 하는 것보다 훨씬 낫다.

측면 수비수
: 측면을 지배하라

게임 읽기

현대 축구의 가장 큰 변화 중 하나는 이제 골키퍼들도 필드 플레이어들과 같은 스킬을 익혀야 한다는 점이다. 이것은 결정적으로 골키퍼가 백패스를 손으로 잡을 수 없는 룰이 도입된 후(1992년) 특히 중요해졌다. 축구에서 점유율이 점점 더 중요해짐에 따라 수비수들 역시 공을 다루는 스킬을 숙련할 필요성이 대두됐다. 이제는 수비수들이 수비 스킬뿐만 아니라 공격적인 역할까지 감당하는 것이 필수가 되었다.

대부분의 팀에서 가장 많은 역할을 수행하는 선수들은 바로 측면 수비수들이다. 감독은 그들에게 각자 맡은 측면에서 우리 진영과 상대 진영 끝에서 끝까지, 즉 공격과 수비의 역할을 모두 수행하기를 요구한다. 측면 수비수들은 누구보다 건강해야 하고, 경기장 내의 어떤 다른 선수들보다도 많이 뛸 수 있어야 한다. 팀이 공격할 때는 공을 측면으로 몰고 가서

160

페널티박스 안으로 효과적으로 이어줄 수 있어야 한다.

축구 경기를 보다 보면 많은 경우 측면 수비수들이 팀의 공격 작업을 시작하지 않는다는 것을 알 수 있다. 두 명의 중앙 수비수, 그리고 골키퍼와 수비형 미드필더 이 네 명의 선수들이 팀의 공격 작업을 가장 흔히 시작하는 선수들이다. 측면 수비수들은 경기장을 넓이의 측면에서도 깊이의 측면에서도 더 넓게 만들어주는 역할을 하기도 한다. 더 뛰어난 팀일수록 측면 수비수의 역할이 더 중요해진다. 경기를 볼 때 측면 수비수들이 각각 다른 상황에서 어떤 역할을 수행하는지 유심히 지켜봐라. 공의 위치에 따라 그들이 포지션을 변경하는 방법, 또 자신에게 공이 이어졌을 때 어떤 플레이를 하는지 등등을.

 자신이 측면 수비수인 것처럼 훈련해 보자. 자신이 다른 어떤 포지션에서 뛰게 되더라도(골키퍼를 제외하고) 그 훈련은 도움이 될 것이다.

"축구는 머리로 하는 경기다."

– 요한 크루이프

포백
: 핵심은 수비 포지셔닝이다

수비

자신이 포백 수비수 중 한 명이라면, 수비를 할 때나 팀의 공격 작업을 시작할 때 골키퍼와 하나의 유닛으로 플레이하는 것이 필수적이다. 또 수비진들에게 적절한 정보를 줄 수 있는 골키퍼의 존재도 필수적이다. 골키퍼는 경기장 전체를 볼 수 있기 때문에 그들이 수비수들에게 좋은 정보를 수시로 줄 수 있다면 수비진이 상대 팀으로부터 받을 위험을 최소화할 수 있다. (그림 3.2)

경기 중 우리 진영에 상대 팀 공격수보다 우리 수비수가 더 많은 것이 이상적인 상황이다. 한 명의 선수가 공을 가진 선수를 마크하고, 주변의 두 동료가 지원해주는 것이 바람직하다. 공이 경기장 중앙 부근에 있다면, 한 명의 중앙 수비수가 공을 가진 선수 방향으로 압박을 들어가고 다른 한 명의 중앙 수비수, 그리고 측면 수비수가 지원을 해주는 형식이다.

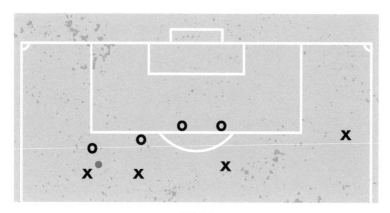

그림 3.2

또 다른 한 명의 측면 수비수는 커버 플레이를 하는 것이 좋다. 공이 측면에 있을 때는 그 지역의 측면 수비수가 압박을 들어가고 인근의 중앙 수비수가 지원 수비를 해주고 다른 두 수비수가 커버 플레이를 한다.

상대 팀에게서 공을 뺏는 순간, 포백은 팀 공격의 일부가 되어야 한다. 경기 중 공을 가로챈 순간, 자신의 전방에 공간이 열려 있는 동료에게 패스를 하자. 상대의 압박이 강한 상황이 아니라면, 공을 단순히 걷어내는 것은 상대에게 소유권을 다시 넘겨줘서 다시 우리의 수비 상황으로 이어지기 쉽다. 또 자신의 팀이 공을 소유하고 있는 상황에서 포백이 센터라인까지 전진해서 상대 선수들이 우리 진영에 머물지 못하도록 해야 한다. 그렇게 하면 상대 공격수들이 오프사이드에 걸릴 수 있기 때문에 뒤로 물러서게 된다. 그러나 이렇게 상대 진영으로 나가는 것은 반드시 포백 전체가 하나의 유닛이 되어서 실시해야 한다. 그렇지 않으면 상대 공격수가 오프사이드에 걸리는 대신, 우리 측 수비 실수를 이용해 오프사이드 트랩을 깨고 그들에게 유리한 플레이를 할 수 있다. 포백은 반드시 하나의 유닛으로 움직여야 한다. 그렇지 않다면 위험을 초래하게 된다.

경기를 볼 때 포백이 어떻게 하나의 유닛으로 움직이는지 유심히 살펴보자. 좋은 수비수들은 항상 다른 세 명의 수비수가 어느 위치에 있는지 미리 알고 상대 선수들이 공격을 진행하기 어렵도록 움직인다. 항상 다른 선수들을 통해 배워라.

넓이와 깊이
: 공격

소유

공격을 할 때는 넓게 벌려서 공격을 진행하는 것이 패스 공간을 창출하고 선수들이 더 많은 시간과 공간을 갖고 플레이하는 데 도움이 된다. 물론 선수들이 뛰어난 스킬을 갖출 필요도 있지만 시간과 공간은 절대 팀에 피해가 되지 않는다(적어도 공격하는 팀에게는 말이다).

공간을 넓게 벌리며 공격하기 위해서는 넓이(사이드라인에서 사이드라인까지)와 깊이(엔드라인에서 엔드라인까지) 모두를 확보할 필요가 있다. 측면 플레이어들은 각자 사이드라인 인근에서 플레이하되 서로 너무 가까이 붙지 않아야 한다. 중앙 수비수들은 경기 중 미드필더나 공격수들이 자신들에게 백패스를 할 수 있도록 뒤로 물러서 있어야 하고 골키퍼들(공격 진행 시의 골키퍼들) 역시 패스를 받은 후 공을 점유했다가 다시 공격을 진행할 수 있도록 도울 준비가 되어 있어야 한다. 공격수들은 가능한 전방으로 나가

165

서 팀이 경기장을 넓게 펼쳐서 쓸 수 있도록 한다. 상대 수비수들은 대부분 팀의 간격이 너무 벌어지지 않게 하기 위해 앞으로 나오기 마련이지만 공격수들은 계속 포지션을 바꿀 수 있다. 그럴 때 오프사이드에 걸리지 않는 한 상대 수비수의 후방으로 움직임을 가져가는 것도 좋은 방법이다. 그렇게 하면 상대 수비수가 우리의 의도대로 위치를 조정하게 된다.

그 다음으로는 공의 움직임과 함께 포지션도 계속 옮길 필요가 있다. 한 명의 선수가 공을 받기 위해 다른 곳으로 이동해서 그 자리가 비면, 또 다른 선수가 빈 공간으로 움직여야 한다. 물론 그로 인해 생긴 또 다른 새로운 빈 공간에는 또 다른 동료가 이동해야 한다. 이런 지속적이고 조직적인 움직임이 열려 있는 공간을 만들고 빈 공간을 채우며 상대 수비로 하여금 수비하는 것을 더욱 어렵게 만들 수 있다. 선수 개개인이 공을 받는 동시에 공간을 만드는 플레이를 할 수 있도록 숙련한다면, 그는 더 좋은 선수가 될 수 있을 것이다.

적절한 타이밍에 달리고 동료로부터 패스 받기 좋은 위치로 움직이는 선수가 되자. 가만히 서 있다면 상대 수비로부터 마크를 당하기 쉽다. 분명한 목적을 갖고 움직여라.

넓이와 깊이
: 수비

수비

여러분의 팀이 수비 중이라면, 수비의 넓이와 깊이에 대한 개념을 이해하고 있는 것이 도움이 된다. 수비할 때 포메이션에 대한 가장 중요한 개념은 가능한 좁게 수비를 해야 한다는 것이다. 그럴 경우 상대의 패스 공간이 좁아지는 동시에 수비수 간에 서로를 커버해주는 것도 수월해진다.

수비할 때 자신의 위치는 상대가 공을 잡고 있는 위치와 그가 현재 압박을 받고 있는 중인지 아닌지에 의해 결정된다. 자신이 마크하는 상대가 패스를 받을 수 있는 거리 이상으로 떨어져 있을 때에는 그에게 공간을 내주고 다른 선수들과 함께 팀으로서 수비를 펼치는 것이 좋다. 자신이 측면 수비수인데 플레이가 반대쪽 측면에서 진행되고 있을 때는 자신이 막아야 하는 상대에게 좀 더(공이 중앙에 있을 때에 비해서) 공간을 내줘도 괜찮다. 동료가 상대 선수를 압박하고 있을 때는 좀 더 공간을 내주더라

167

도 팀 전체가 상대의 패스 길목을 차단하는 수비를 시도해도 된다. 이렇게 되면 상대가 수비를 뚫기가 더 어려워질 것이다.

또 수비를 할 때는 팀 전체의 계획에 맞는 깊이에 맞춰 수비할 필요가 있다. 만약 수비 시 선수 전체가 30미터 간격 안에서 수비를 한다면, 이때 선수들이 커버해야 하는 지역은 45미터 간격의 경우보다 훨씬 적을 것이다. 좁은 공간 안에 상대 선수들을 가둬놓기 위해서는 수비수들이 하나의 유닛으로 움직이는 것이 필수적이다. 핵심은 팀 전체가 상대에게 압박을 가하면서 수비 지역을 최대한 좁히는 것이다. 그 수비가 제대로 이뤄진다면, 공격하는 팀의 선수들은 동료에게 패스하거나 수비를 공략하는 데 애를 먹게 될 것이다.

> 이 사항을 항상 기억하라. 자신이 마크하는 선수가 한 번에 패스를 받을 수 있는 거리 이상으로 떨어져 있다면 그 선수와 거리를 둬도 괜찮다. 두 번에 패스를 받을 수 있는 거리보다도 떨어져 있다면 좀 더 거리를 둬도 된다. 조직적인 좋은 수비는 많은 경기에서 승리를 안겨준다.

"핑계를 대는 것은 패배하는 것과 마찬가지다.
챔피언은 핑계를 대지 않는다"

– 알렉스 모건

직접 프리킥 상황에서 수비벽 세우기
: 파트1

수비

수비수들이 페널티박스 바깥에서 파울을 범해서 프리킥을 내준 경우, 대부분 수비벽이 필요하다. 때로는 골키퍼들이 수비벽의 위치를 정하고 혹은 필드 플레이어들이 알아서 설 때도 있다. 이 프리킥은 직접 프리킥일 수도, 간접 프리킥일 수도 있다. (그림 3.3)

수비벽은 주로 수비수 선수들이 프리킥 지점에서 9.15미터 거리에 세운다. 그 이상으로 가까이 다가갈 수는 없기 때문에 그 위치에 수비벽을 세워서 골문을 보호하기 위함이다. 수비벽은 니어 포스트 방향을 막는 데 중점을 두고 그 외의 지역은 골키퍼가 보호하는 것이 기본이다. 뛰어난 선수들은 수비벽 높이를 넘기거나 감아 차서 휘어져 들어가는 슈팅으로 니어 포스트를 공략하곤 한다. 상대 선수 중에 이런 프리킥을 처리할 수 있는 선수가 있는지 미리 파악하는 것이 좋다. 그에 맞춰서 수비벽을 세

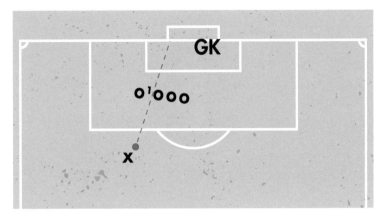

그림 3.3

우는 위치를 조정할 수 있다.

수비벽을 세울 때는 골키퍼가 동료들에게 몇 명이 어떤 위치에 있을지 구두로 알린다. 골문으로부터 프리킥 지점까지의 거리와 상대 팀에 어떤 키커가 있느냐에 따라 몇 명의 수비벽을 세워야 할지가 결정된다. 상대 팀이 프리킥에서 골을 기록할 수 있는 확률이 높으면 높을수록 더 많은 선수들이 수비벽을 설 필요가 있다. 공격하는 팀은 가능한 빨리 공격을 진행하는 것이 좋다(주심에게 수비벽을 9.15미터 밖으로 물러서게 해달라고 요구할 경우를 제외하고). 프리킥은 주심이 휘슬을 불기 전에는 진행할 수 없다.

선수들은 규칙을 모두 숙지하고 유리하게 활용할 줄 알아야 한다. 어떤 파울이 직접 프리킥에 해당하고 어떤 프리킥은 간접 프리킥인지 구분할 수 있어야 한다. 축구 규칙에 관한 책은 구하기 쉽고, 그 책을 읽는 것은 분명 도움이 될 것이다.

직접 프리킥 상황에서 수비벽 세우기
: 파트2

수비

프리킥 상황에서 플레이가 진행되는 상황(공격 팀이 주심에게 수비벽을 옮겨달라고 요청하지 않는 상황)에는 수비 팀이 수비벽을 세우는 사이에 골키퍼는 항상 상대 팀이 갑자기 공격을 전개하는 상황에 대비해야 한다. 골키퍼가 수비벽을 세우고 있는 경우에는 파 포스트가 허술할 수 있고 그를 노린 상대 팀에서 직접 슈팅을 날리거나 골문 안으로 패스하듯 플레이를 할 수도 있다. 이런 문제를 막기 위해 필드 플레이어들 중 한 명(특히 공격수 중 한 명)을 수비벽에 세우는 것도 나쁘지 않다.

수비벽을 세울 때는 필드 플레이어들은 니어 포스트와 프리킥 지점 사이에 일렬로 서서 니어 포스트를 보호해야 한다. 만약 자신이 동료 선수들의 위치를 조정해서 수비벽을 세우는 경우라면, 첫 번째 선수가 니어 포스트로 가는 방향을 막도록 위치를 잘 조율하고 나머지 선수들을 그

171

옆으로 서도록 지시해야 한다. 이렇게 할 때는 선수들이 가지런히 잘 서도록 주의하고 서로 제스처를 사용하며 확실하게 소통해야 한다.

수비벽이 세워지는 동안 골키퍼들은 프리킥 지점 이외의 다른 위험한 위치에 상대 공격수들이 포진하고 있지는 않은지 확인해야 한다. 그 후 골키퍼는 자신에게 슈팅이 직접 날아올 경우 그 슈팅을 막아내야 한다.

 심판 자격증 과정을 들어보는 것도 좋은 방법이다. 이는 선수들이 실전 경기에 대한 감각을 익히는 데 도움이 된다. 또 자신이 거주하는 지역의 커뮤니티 경기에 주심으로 실제로 나서서 용돈을 벌 수도 있다.

루스볼 상황에서의 공은
항상 너의 몫이다

일반

경기 중 많은 시간 루스볼 상황이 생긴다. 이러한 상황은 아마도 자신이 마크해야 하는 선수를 버린 채 공을 받으러 가거나, 자신의 팀 동료가 공을 받으러 갈 거라고 생각하고 가지 않는 경우에 발생한다. 경기장에서는 공이 가장 중요하다는 것을 기억하라. 상대 팀이 공을 소유하고 있지 않다면 자신이 마크하는 선수는 패스를 받을 수 없다. 자신의 근처에서 발생한 루스볼은 누가 그 공을 차지하기 전까지는 자신의 공이라고 생각하고 처리해야 한다. 항상 이런 방식으로 생각하는 습관을 가져라.

몇몇 행동들이 루스볼 상황에 도움이 될 수 있다. 경기 중 항상 다른 선수들이 어디에 위치해 있는지 인지하고, 공이 어디로 올지 예상하고 있으면 좋다. 뒤늦게 공에 다가갈 경우에는 공을 따내기 위해 열심히 달려가라. 루스볼 상황에서는 순간적으로 주저하는 경우가 많이 발생한다.

주저하는 순간 이미 늦은 것이다. 특히 다른 사람이 공에 접근하는지를 확인할 때 주저하는 경우가 많다. 루스볼 상황이 오면 즉시 '이 공은 내 것이야'라고 스스로에게 말한다. 팀 동료나 상대 팀 선수가 공을 먼저 따낼지 말지 생각할 시간에 공을 향해 움직여라. 움직이지 않는 것보다는 곧바로 도전해보는 편이 훨씬 낫다.

이런 '이 공은 내 것이야'라는 자세는 연습 과정에서도 훈련할 수 있다. 많은 선수들은 코치가 훈련을 시작할 때까지 움직이지 않는다. 선수들은 자신이 몇몇 스킬이나 훈련에 능숙하지 못하다는 마음을 갖고 있는 경우가 있다. 그러나 일반적으로 코치들은 주도적으로 훈련에 임하는 선수들을 좋아한다. 이러한 자세는 위험을 감수할 준비가 됐다는 것을 보여주고, 모든 것을 할 준비가 됐다는 것을 의미한다. 소극적인 자세를 취하지 마라.

> 코치들은 선수가 소극적인 플레이를 하다가 실수하는 것보다 적극적인 플레이를 하다가 실수하는 것을 더 좋아한다. 소극적인 선수를 적극적으로 만드는 것보다 적극적인 선수를 진정시키는 것이 더 쉽다. 어떤 일이 일어나도 항상 준비가 되어 있어야 한다.

코너킥

스코어링

코너킥 상황에서의 목표는 득점을 하는 것이다. 이를 위해서는 상대 수비수가 자신을 막기 힘들도록 움직이는 것이 중요하다. 코너킥 상황에서의 수비 방법은 3가지로 나뉜다. 이 3가지는 대인방어, 지역방어, 그리고 대인방어와 지역방어를 동시에 하는 방식이다. 상대가 어떤 수비 방법을 취하는지와 상관없이 상대 수비수가 막기 힘들게 움직이는 것이 가장 중요하다.

코치는 어느 위치에서 득점을 시도할지 선수들에게 미리 알려줘야 한다. 자주 시도되는 위치는 니어 포스트, 파 포스트, 골키퍼 바로 앞, 페널티킥 위치, 그리고 페널티 아크 부근이다. 선수들은 자신을 포함한 팀의 모든 동료들이 어디로 움직일 것인지 알고 있어야 하고, 정해진 위치로 공이 오는 타이밍에 정확히 맞춰 들어가야 한다. 공보다 일찍 도착하게 되

175

면, 상대 수비수가 막기 쉬워진다.

공이 다가왔을 때는 적극적으로 플레이하면서 공을 골대 방향으로 보내도록 시도하라. 만약 공이 자신에게 오고 있지 않다면 위치를 조정해서 득점을 할 수 있는 최고의 자세를 만들어라. 골대 앞 페널티박스 주변에서 공이 바운드되면 혼란이 생길 것이다. 이러한 혼란은 공격 팀에게 유리하다. 이러한 이점을 살려라.

상대가 대인방어를 하고 있다면, 상대 마크 선수가 당신과 공을 동시에 볼 수 없게 보이지 않는 쪽으로 뛰는 것이 좋다. 만약 상대 수비수들이 있는 위치로 달려가는 상황이라면, 공이 올 때에 맞춰서 도착해서 공을 받을 수 있도록 노력하라.

 다가오는 공의 방향에 맞게 돌아 들어가라. 만약 코너킥이 빨리 진행되더라도 이러한 돌아 들어가는 움직임이 있었으면 공의 궤도에 맞춰서 다가갈 수 있다.

"사람들이 너에게 "아니"라고 말할 때는 그냥 웃어 보여라.
그리고 그들에게 "나는 할 수 있어"라고 외쳐라."

– 줄리 포디

약한 발도 사용 가능하게 만들어라

일반

최고의 선수가 되기 위해서는 충분한 스킬이 필요하고, 양발을 모두 이용해서 이러한 스킬을 사용할 수 있는 능력이 필요하다. 자신이 주로 쓰는 발이 오른발이더라도, 왼발 역시 기본 이상은 쓸 수 있도록 숙련할 필요가 있다. 많은 코치들은 선수들이 양발을 똑같이 잘 쓰길 바라지만, 현실적으로는 약한 발은 어느 정도 수준까지만 만들고 주로 쓰는 발을 치명적으로 강하게 만드는 것이 바람직할 수 있다.

예를 들어 디에고 마라도나를 보자. 마라도나는 왼발로 많은 플레이를 할 수 있었고, 누구도 그를 멈출 수 없었다. 그러나 그가 보여준 높은 축구 수준에 비해 그의 오른발은 평범했다. 사람들이 주로 쓰는 발에 자신 있는 이유는 사용할 때 더욱 자연스럽게 느끼기 때문이다. 새로운 움직임이나 패스, 슛을 할 때도 역시 주로 쓰는 발을 이용해서 시도하는 것이 더

177

쉽다.

경기에 도움이 될 수 있도록 약한 발을 어느 정도 수준까지는 만들 필요가 있다. 약한 발로 기본적인 패스도 할 수 없다면 상대 수비수는 눈치를 채고 약한 발로 킥을 하게끔 수비를 할 것이다. 시즌 도중 많은 선수들이 약한 발의 능력을 향상시키는 데 어려움을 겪는다. 경기 중에는 항상 쓰던 발에 안정감을 느낀다(약한 발을 사용하기 더 효과적인 상황에서도). 그렇기 때문에 경기가 아닌 상황에서 따로 약한 발을 연습하는 것이 좋다.

연습이 완벽을 만든다. 지금 당장 밖으로 나가서 자신을 더 생산적이고 중요한 선수로 만들 수 있도록 연습하자.

> 경기 후, 무엇이 자신을 더 좋은 선수로 만들어 주는지 생각하고 그것을 연습하자. 약한 발을 이용한 움직임이나 슛을 자연스럽게 만드는 것이 그것일 수도 있고, 주로 쓰는 발을 더욱 치명적으로 만드는 것이 그것일 수도 있다.

강한 신체를 만들어라

신체

신체적으로 봤을 때, 축구는 체력과 힘의 조합이다. 많은 달리기가 필요하고, 많은 충돌이 있다. 좋은 축구 선수가 되기 위해서 역도 선수 같은 힘이 필요하진 않지만, 훈련과 경기의 강도를 이겨낼 정도의 강한 신체조건을 가질 필요가 있다. 이러한 조건을 가지기 위해서는 오직 자신과 싸워야 한다는 것을 알아야 한다. 여러분은 축구에 관한 잠재력을 가지고 있다. 그리고 각 부위의 힘 역시 가능한 한 강해지길 원할 것이다. 강해지려면, 기초가 되는 3가지(다리, 상체, 코어) 부위의 운동을 할 필요가 있다.

하체 힘은 공을 세게 찰 때, 짧은 거리를 빠르게 움직일 때 또는 1 대 1 달리기를 할 때 사용된다. 하체 힘이 강해지길 원하지만 지나치게 벌크업되기를 원하지는 않을 것이다. 축구 선수들은 90분 경기 동안 12km 정도를 뛴다. 벌크업된 근육으로 이렇게 뛰는 것은 거의 불가능하다. 가벼운 무게로 많은 세트의 운동을 해야 축구에 적당한 하체 체력과 힘을 키울 수 있을 것이다.

상체는 좁은 지역에서 상대 수비수가 공을 뺏으려 하는 상황에서 사용된다. 또한 공을 소유한 상황에서 상대 수비수와 어깨를 나란히 하고 달릴 때 상대와 몸싸움을 할 때도 사용된다. 하체와 마찬가지로, 지나친 벌크업은 하지 않으면서도 어깨와 팔을 강하게 만드는 것이 좋다. 가벼운 무게(또는 자신의 몸무게)로 많은 세트의 운동을 하면 상체 힘을 키우는 데 도움이 될 것이다.

코어는 축구 실력 향상의 중심점과 같다. 코어가 강하면 경기 중 많은 상황에서 도움이 될 것이다. 복근 운동은 매일 해야 한다. 자신의 몸무게만 이용해서도 많은 운동을 할 수 있다(플랭크, 크런치, 윗몸일으키기 등). 매일 코어 운동을 위한 계획을 짜라. 그러면 여러분은 더 좋은 축구 선수가 될 수 있을 것이다.

> "뛸 기회가 있다면 뛰어야 한다!"라는 명언이 있다. 신체적으로 강해지는 것도 중요하지만, 좋은 축구 선수를 만드는 데에 공을 차는 것보다 중요한 것은 없다. 체력 훈련도 경기력 향상에 도움이 되지만, 경기 스킬을 완벽히 습득하는 것이 당신이 할 수 있는 가장 중요한 일이다.

경기에 뛸 몸 상태를 만들어라

신체

새 시즌을 준비하는 기간에는, 첫 훈련을 시작하는 시기에 맞춰 몸을 만드는 것이 중요하다. 훈련할 수 있는 몸 상태를 만들어 놓는 것은 코치의 몫이 아니라 선수 자신의 몫이다. 몸 상태가 좋지 않다면 첫 훈련 때 최고의 모습을 보여줄 수 없다. 또한 첫 경기에서 베스트 11에 들어갈 가능성 역시 줄어들 것이다. 어떻게 해야 훈련을 잘할 수 있는 최고의 몸 상태를 만들 수 있을까?

많은 선수들이 간단한 달리기를 통해 새로운 시즌을 준비한다. 달리기가 좋은 방법이 될 수 있다. 하지만 어떻게 달리느냐에 따라 많은 차이가 생긴다. 만약 항상 같은 속도로 조깅만 한다면, 경기장에서는 조깅할 때의 스피드로 뛸 준비가 된 것이다. 경기를 치르는 동안에는 서 있기도 하고, 걷기도 하고, 조깅도 하고, 달리기도 하고, 전력 질주도 하게 된다. 즉 경기 중에는 유산소 달리기만 필요한 것이 아니다. 경기 중에 필요한 모든 방식의 달리기를 소화할 수 있어야 한다. 그러므로 유산소와 무산소 형태의 달리기에 모두 적응되어 있어야 한다.

이 같은 능력을 키우려면 걷기, 조깅, 달리기, 전력 질주 등이 모두 섞인 운동인 파틀렉 운동을 하면 좋다. 경기장 트랙에서 이 운동을 한다면, 일정한 위치의 트랙에 도착할 때마다 달리기 형태를 바꿔주면 된다. 도로나 산길에서 달릴 경우, 나무 등에 표식을 정해 놓고 달리기 형태를 바꿔주면 된다. 이 운동에 몸이 적응됐다면, 스프린트 시간을 점점 늘리고 운동 사이사이에 회복 시간을 줄여라. 이것이 실전을 위한 훈련 방식이다.

이 훈련은 혼자 할 수도 있고, 친구들과 함께할 수도 있다. 또한 공을 가지고 할 수도 있다. 빠른 속도를 유지한 채 공을 가지고 달리는 스킬을 갖추도록 연습하자. 짧은 시간 동안 최대한 많은 세트의 훈련을 하자. 훈련을 하다가 공을 흘릴 경우 다시 공을 소유하도록 빠르게 달려라. 경기장에서 몸이 피로하면, 모든 능력이 줄어든다는 것을 기억하자. 그러한 일이 없도록 알맞은 훈련을 하자.

> 축구 선수가 되기 위해서는 4가지 요소가 필요하다. 기술, 전술, 심리, 그리고 신체적인 능력이다. 이 모든 것이 중요하다. 체력적 능력을 후순위로 미루지 마라. 항상 경기에 뛸 몸 상태가 되어 있어야 한다.

공을 얻는 순간 공격을 시작하라

수비

　수비를 할 때의 시야는 자신이 마크해야 하는 선수만 바라보는 것이 아니라 경기장 전체를 보는 것이 중요하다. 만약 자신이 마크해야 하는 선수가 두 번 이상의 패스를 통해서만 공을 받을 수 있는 먼 거리에 있다면, 자신의 위치에 따라 동료 선수가 돌파를 허용할 수도 있고, 상대 팀의 스루패스를 효과적으로 수비할 수도 있다. 자신이 마크해야 하는 선수가 패스 한 번으로 공을 받을 수 있는 가까운 거리에 있는 경우에는 팀 동료들이 어디에 있고, 상대편 선수들이 어디에 있는지를 잘 알고 있어야 한다. 가능한 한 많은 선수들의 위치를 파악하고 있어야 자신의 플레이가 더 좋아질 수 있다.

　좋은 팀들은 공격 상황에서 경기장을 좌우, 앞뒤로 최대한 넓게 이용하려 하고, 반대로 수비 상황에서는 최대한 좁고 촘촘하게 사용하려 한

183

다. 공 소유권을 새로 얻는 상황에서는 상대가 여전히 공격적인 대형을 갖추고 있기 때문에 상대 수비를 깰 좋은 기회다. 일반적으로 공격에서 수비로 전환하는 속도보다 수비에서 공격으로 전환하는 속도가 빠르다. 이러한 공수 전환이 일어나는 상황에서는 전방에 있는 동료 선수에게 원터치 패스를 하거나, 전방의 열린 공간으로 드리블을 하거나, 빠른 크로스를 올려서 상대팀 수비수들의 전환 속도보다 빠르게 진행할 방법을 찾아야 한다.

단지 공을 차지하는 것, 그 이상의 마음가짐을 갖고 있어야 한다. 공을 차지했으면 그 후 곧바로 빠르게 공격할 자세가 되어 있어야 한다. 그러기 위해서는 경기장 전체 상황을 알고 있어야 하고, 공을 차지할 수 있다는 자신감과 즉시 공격을 이어 나갈 수 있다는 자신감을 갖고 있어야 한다. 역습 상황에서는 최대한 빠르게 공격할수록 더 성공적인 결과를 가져올 수 있다.

> 훈련을 통해 공수 전환 상황에서 곧바로 빠르게 공격으로 이어 나가는 것을 연습하자. 이러한 연습을 많이 할수록 더욱 자신감이 생길 것이고, 실제 경기에서 이러한 상황이 발생했을 때 더욱 능숙하고 빠르게 공격을 이어 나갈 수 있을 것이다.

후방 공격 전개

점유

팀이 공 소유를 유지하기 위해서는 보통 후방에서부터 공격 전개를 시작한다. 선수들은 이런 공격 전개가 오직 골키퍼와 수비수들에게만 해당된다고 생각한다. 그러나 사실 후방에서부터의 공격 전개는 11명의 선수가 모두 참여한다. 단지 시작만 골키퍼나 수비수가 하는 것이다. 우선 수비수들은 넓게 벌려 서 있을 필요가 있다. 마치 우산 모양처럼 말이다. 우산의 가장 윗부분이 자신의 골대 방향으로 향한 모양을 말한다. 보통 축구에서는 상대 공격수보다 자신의 수비수들의 숫자가 더 많다. 공격 전개를 뒤에서 시작할 때, 4명의 수비수와 1명의 골키퍼는 1~3명의 상대 공격수를 상대한다. 이러한 수적 우위는 공을 더 잘 점유할 수 있게 해준다. 공을 소유하며 전진을 더 멀리 할수록, 수적 우위 역시 더 커진다.

뒤에 위치한 5명의 선수(골키퍼 포함)들은 앞쪽에서 공을 받을 준비가

185

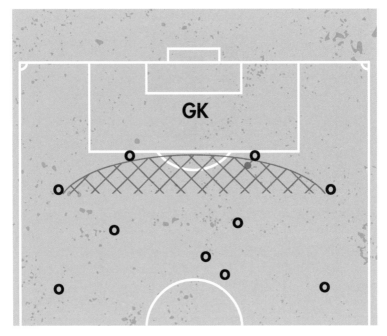

그림 3.4

되어 있는 미드필더들을 찾으면서 패스를 주고받아야 한다. 대부분의 경우 미드필더들은 상대 수비수들에게 마크를 당하고 있을 것이다. 그리고 패스를 줘도 대부분 다시 수비수에게 리턴 패스를 할 것이다. 공격 전개를 시작하는 수비수인 만큼 상대 수비 조직을 살펴보고 상대 수비수들을 움직이게 만들어줘야 한다. 이러한 동작을 통해 우리 팀 미드필더들이 충분한 시간을 가질 수 있고, 상대편 골대 방향으로 턴을 할 수 있는 공간을 만들어줄 수도 있다. 움직임뿐만 아니라 패스를 정확하게 할수록 상대 수비수들이 공을 쫓기 더 힘들어질 것이다. 수적 우위를 이어가기 위해서 많은 팀들이 양쪽 풀백 선수들을 미드필드 지역까지 올린다. 이러한 움직임은 미드필드 지역에서도 공을 점유할 수 있게 도와준다. 물론 이러한 움직임을 가져갈 때에는 수비 지역에 오직 2명의 중앙 수비수와 1명의 골키퍼만 있기 때문에 항상 조심해야 하고, 방심해서는 안 된다. (그림 3.4)

미드필드 지역에서는 공격 지역에서 패스를 받을 수 있는 선수를 찾아야 한다. 또한 미드필드 지역에서는 공격 지역을 거치지 않더라도 그 위치에서 곧바로 득점을 시도할 수도 있다.

후방에서부터의 공격 전개는 안정적인 발재간 없이는 불가능하다. 이러한 스킬을 11명의 선수가 모두 가지고 있다면 경기 후반 무렵 팀 전체가 체력적인 이득을 얻게 될 것이다.

"나는 진심으로 매일 최선을 다하길 원했고,
매일 인생을 즐기길 원했다."

− 랜던 도노반

오프사이드 트랩을 뚫어라

슈팅

오프사이드 트랩은 팀이 그룹(일반적으로 4명의 수비수)으로서 다 같이 앞으로 전진하면서 이뤄진다. 보통 공격수들이 오프사이드 트랩에 잘 걸린다. 상대 수비수들이 앞으로 전진할 때 순간적으로 자신의 위치를 조정하지 못하기 때문이다. 공격수들이 위치를 조정해서 오프사이드 트랩을 피하더라도, 그들은 진행 방향이 뒤쪽이기 때문에 공을 받기 좋은 위치에 있기 어렵다. (그림 3.5)

오프사이드 트랩은 주로 공격수들을 속이기 위해 이뤄지기 때문에, 공격수가 아닌 다른 선수들이 전진을 하면서 이 트랩을 뚫을 필요가 있다. 자신이 미드필더라면 이러한 상대팀의 트랩을 예상하고 상대 팀이 전진하는 순간 앞쪽으로 달려가기 시작해야 한다. 이렇게 달리는 순간 공을 가지고 있는 팀 동료가 수비수들의 사이로 공을 패스해주면 골키퍼와

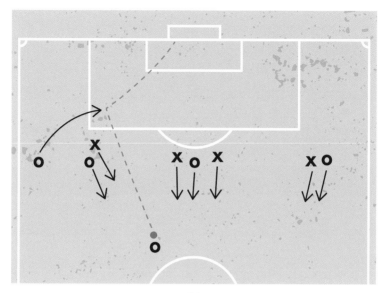

그림 3.5

1 대 1 찬스 상황을 갖게 될 것이다. 이러한 상황에서는 상대 수비수들이 반대 방향으로 향하고 있기 때문에 골키퍼와 1 대 1 대결을 할 충분한 시간을 얻는다. 이 시간을 활용해서 기회를 마무리 지어라.

오프사이드 트랩을 뚫는 또 다른 방법은 드리블이다. 좋은 오프사이드 트랩은 압박에 의해 이뤄진다. 그러나 만약 공을 소유하고 있는 선수가 압박을 해오는 수비수를 제칠 수 있다면, 전진할 수 있다. 그러면 결국 수비수들을 분산시켜 득점에 성공할 수 있다.

오프사이드 트랩을 뚫을 때에는 타이밍이 정말 중요하다. 공격수들은 온사이드 위치를 유지해야 하고, 미드필더들은 패스가 이뤄지는 순간 타이밍에 맞춰 달려들어 가야 한다. 타이밍뿐만 아니라 팀 동료가 패스를 줄 공간을 잘 찾아 들어가야 한다. 오프사이드 트랩을 뚫기 위해 드리블을 사용한다면, 상대 수비수들이 팀 동료들을 오프사이드 위치에 놓게 만들려고 전진하는 순간 수비수를 제치는 타이밍을 잡아라.

 오프사이드 트랩을 활용하는 팀은 그 대가를 치르게 된다. 대부분의 경우 오프사이트 트랩보다는 기본적인 수비 방식으로 견고하게 수비를 하는 것이 낫다.

용어 설명

4-3-3: 4명의 수비수, 3명의 미드필더, 3명의 공격수를 둔 기본 포메이션

50/50 볼(50/50 balls): 양 팀 선수가 공을 획득할 가능성이 같은 프리볼 상황

공격 방향 전환(changing the point of attack): 공을 반대쪽 사이드로 전환하는 행위

다이브 인(dives in): 수비수가 상대 선수의 공을 뺏기 위해 발을 뻗는 행위로 태클 또는 스텐딩 태클이라고도 한다.

데드 볼(dead balls): 경기가 멈춘 상황(예: 코너킥, 골킥, 프리킥, 스로인)

돌파(beat behind): 수비수를 제치고 상대 팀 골대에 가까워지는 행위로, 공격하는 선수의 주 목적.

런 오브 플레이(run of play): 인플레이 상황. 데드볼 상황의 반대말

리드 풋(lead foot): 패스나 슛을 할 때의 디딤발

맨 온(man on): 수비 팀이 상대 공격 팀을 막을 때 동료 선수에게 소리 지르는 행위로, 공을 받는 선수에게 상대 수비수가 좋은 위치에 있다는 것을 알려주는 행위

무산소 운동(anaerobic): 몸 안에 산소 사용을 막아 산소 부채 상황에 놓이게 하는 운동(예: 반복 스프린트)

박스 투 박스(box to box): 자기 편 페널티박스와 상대팀 페널티박스 사이의 전체 공간을 이용하는 것을 의미

발목 고정(lock your ankle): 발가락을 아래로 (인스텝 숏) 또는 위로 (인사이드 패스) 해서 발을 견고하게 고정하는 행위

배급(distribution): 골키퍼가 공을 던지거나, 굴리거나, 들고 차거나 또는 골킥을 이용해 경기를 시작하는 행위

볼 사이드(ball side): 상대보다 공에 가까이 있는 상황

브로큰 다운 자세(broken-down position, 웅크린 자세): 수비수가 공을 소유한 상대 공격 선수를 마크할 때 취하는 낮은 자세

블라인드 사이드 런(blind-sided run): 공을 소유하지 않은 선수가 상대 수비수 뒤쪽으로 달리는 행위로, 이 달리기를 할 경우 상대 수비수는 공과 달려들어 오는 선수를 동시에 볼 수 없다.

빌드업(working the ball out of the back): 뒤쪽에 있는 골키퍼나 수비수로부터 패스를 통해 전진하는 행위

빠른 재개(quick restart): 파울이 나왔을 때 상대 수비가 정렬하기 전에 빠르게 시작하는 행위

사이드 발리(side volley): 몸의 옆쪽에서 행해지는 슛으로 공이 지면에서 떨어져 있을 때 주로 사용된다.

수비벽 거리 조정(ask for 10): 심판에게 상대 수비벽의 위치를 파울 지점으로부터 10야드 떨어진 곳으로 이동시켜 달라고 요청하는 행위

수비벽(wall): 득점이 가능한 프리킥 상황에서 득점을 막기 위한 수비 대열

수적 우위(numerical advantage or numerical superiority): 상대보다 많은 숫자의 선수가 있는 상황

스퀘어 패스(square pass): 90도 각도에 있는 동료에게 주는 패스

스핀 턴(spin turn): 드리블하는 선수가 상대 수비수를 떨어트려 놓기 위해 오픈 스페이스 방향으로 몸을 돌리는 동작

압박 수비(pushing up): 상대 진영으로 전진하는 행위로, 보통 수비수들의 경우 팀 동료들이 깊숙이 전진했을 때 같이 전진한다.

얼리 크로스(early cross): 공격수가 18 미터 이상의 먼 거리에서 하는 크로스

오프 유어 라인(off your line): 골키퍼가 각도를 줄이기 위해 골라인을 벗어나는 행위

오프사이드 트랩(offside trap): 공이 패스되기 바로 직전에 상대 공격수 앞으로 다 같이 움직여 오프사이드를 유도하는 행위

오픈 스페이스(open space): 아무 선수도 없는 위치

유산소 운동(aerobic): 충분한 산소를 공급받아 에너지를 발생시키는 운동(예: 조깅)

잠재적 강도(strength potential): 실현될 수 있는 본인의 최대 능력

체크 백 또는 체크 투(check back or check to): 패스를 받기 위해 팀 동료에게 다가오는 행위

체크 어웨이(check away): 공을 소유하지 않은 선수가 공을 가진 팀 동료에게서 멀리 벗어났다가 다가오면서 패스를 받는 행위

클로즈 다운(close you down): 수비수가 패스를 받는 상대 선수에게 가깝게 다가가는 행위

파이널 터치(beating touch): 드리블로 수비수를 제치는 동작 중 마지막 터치

파틀렉(fartlek): 걷기, 조깅, 달리기, 전력질주를 복합적으로 사용하는 달리기 훈련 방법

펀칭(parry): 골키퍼가 날아오는 공을 걷어내는 행위로, 공을 잡기 힘들 때 주로 사용된다.

옮긴이 이성모

〈서울신문〉, 〈스포츠서울〉을 거쳐 현재 〈골닷컴〉기자로 EPL을 포함한 유럽 축구 현장을 취재 중이다. 또 네이버 스포츠(전), 다음 스포츠(현)와 주한영국문화원에 단독 칼럼을 기고 중이다. 저서에는 《누구보다 첼시 전문가가 되고 싶다》, 《누구보다 맨유 전문가가 되고 싶다》, 《누구보다 아스널 전문가가 되고 싶다》가 있고, 역서로는 《안드레아 피를로 자서전─나는 생각한다 고로 플레이한다》, 《위르겐 클롭》, 《더 믹서》, 《메수트 외질 마이 라이프》, 《포체티노 인사이드 스토리》 등이 있다.

페이스북: www.facebook.com/yo235
인스타그램: www.instagram.com/sungmolee

옮긴이 김종원

용인대학교에서 스포츠미디어, 영국 Middlesex University에서 스포츠 경기분석(석사)을 공부한 뒤, 현재 Middlesex University에서 스포츠 경기분석 박사과정에 재학 중이다. 2014년 영국 5부리그 '바넷FC'에서 전력 분석원으로 활동을 시작한 뒤, '찰튼FC(3부리그)'를 거쳐 현재 잉글랜드 프리미어리그 '크리스탈 팰리스FC'에서 전력 분석원으로 활동 중이다. 동시에 Middlesex University 스포츠 경기분석 석사과정에서 '스포츠코드', '연구방법론', '통계' 등을 강의하며 논문 지도를 하고 있다. 2018년 열린 ISPAS 국제 컨퍼런스에서 '젊은 연구자상'을 수상했고, 최근에는 SCI 저널인 IJPAS에 [축구 경기에서의 퍼터베이션 발견을 위한 불안정 상황 분석] 논문을 게재했다.

축구 스킬&전술 75

1판 1쇄 발행 | 2019년 6월 20일
1판 3쇄 발행 | 2023년 3월 15일

지은이 찰리 슬레글
옮긴이 이성모, 김종원
감   수 조세민
펴낸이 김기옥

실용본부장 박재성
편집 실용 1팀 박인애
마케터 서지운
판매전략 김선주
지원 고광현, 김형식, 임민진

디자인 푸른나무디자인
인쇄·제본 민언프린텍

펴낸곳 한스미디어(한즈미디어(주))
주소 121-839 서울시 마포구 양화로 11길 13(서교동, 강원빌딩 5층)
전화 02-707-0337 | 팩스 02-707-0198 | 홈페이지 www.hansmedia.com
출판신고번호 제 313-2003-227호 | 신고일자 2003년 6월 25일

ISBN 979-11-6007-380-5 13690